수 시험 대비

하루 한장 … 획표 1-2 7급 Ⅱ

매일매일 공부하는 습관이 중요합니다.
학습 계획을 세우고, 한자의 훈과 음을 말해 보며 실력을 확인해 보세요.

날짜		한자	학습 계획일	확인
1주	1일	手	월 일	훈 음
	2일	足	월 일	훈 음
	3일	自	월 일	훈 음
	4일	力	월 일	훈 음
	5일	子	월 일	훈 음
2주	1일	上	월 일	훈 음
	2일	下	월 일	훈 음
	3일	左	월 일	훈 음
	4일	右	월 일	훈 음
	5일	内	월 일	훈 음
3주	1일	男	월 일	훈 음
	2일	孝	월 일	훈 음
	3일	安	월 일	훈 음
	4일	家	월 일	훈 음
	5일	道	월 일	훈 음
4주	1일	工	월 일	훈 음
	2일	車	월 일	훈 음
	3일	立	월 일	훈 음
	4일	平	월 일	훈 음
	5일	不	월 일	훈 음
5주	1일	江	월 일	훈 음
	2일	海	월 일	훈 음
	3일	姓	월 일	훈 음
	4일	名	월 일	훈 음
	5일	動	월 일	훈 음

날짜		한자	학습 계획일	확인
6주	1일	前	월 일	훈 음
	2일	後	월 일	훈 음
	3일	時	월 일	훈 음
	4일	空	월 일	훈 음
	5일	間	월 일	훈 음
7주	1일	市	월 일	훈 음
	2일	午	월 일	훈 음
	3일	直	월 일	훈 음
	4일	話	월 일	훈 음
	5일	記	월 일	훈 음
8주	1일	正	월 일	훈 음
	2일	世	월 일	훈 음
	3일	全	월 일	훈 음
	4일	方	월 일	훈 음
	5일	活	월 일	훈 음
9주	1일	電	월 일	훈 음
	2일	氣	월 일	훈 음
	3일	食	월 일	훈 음
	4일	事	월 일	훈 음
	5일	物	월 일	훈 음
10주	1일	答	월 일	훈 음
	2일	每	월 일	훈 음
	3일	農	월 일	훈 음
	4일	場	월 일	훈 음
	5일	漢	월 일	훈 음

한자로 완성하는 ____의 만리장성

↑ 이름을 쓰세요.

시작!

1주 1일
1주 2일

4주 1일
4주 2일
4주 3일
4주 4일
4주 5일

5주 1일
5주 2일
5주 3일
5주 4일
5주 5일

6주 1일
6주 2일
6주 3일
6주 4일
6주 5일

7주 1일

9주 2일
9주 3일
9주 4일
9주 5일

10주 1일

1-2 7급Ⅱ
하루 한장 한자

手 足 自 力 子 上 下

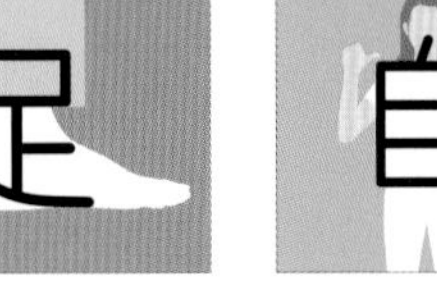

車

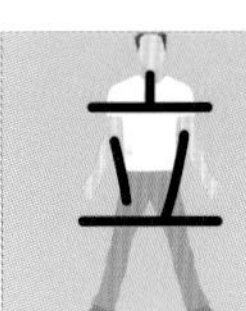

立

平 不 江

海

姓

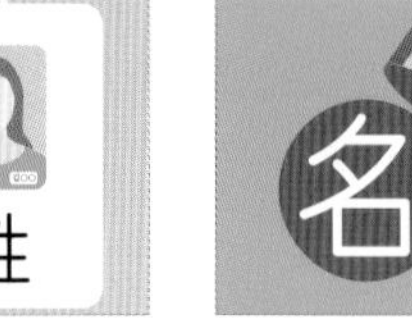

名

話 記

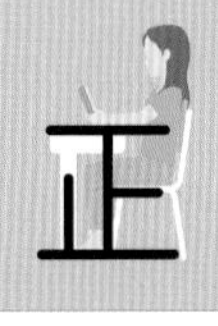

正

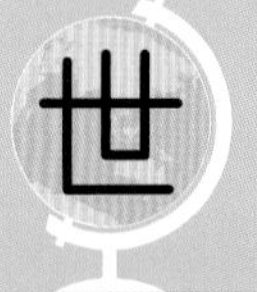

世

全

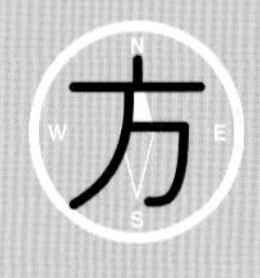

方

活

電

만리장성을 완성해 보세요.
하루 한 장 학습지를 공부하고,
1쪽 아랫부분에 있는 벽돌을 잘라
날짜에 맞게 붙여 보세요.
1주 3일
1주 4일
1주 5일
2주 1일
2주 2일
2주 3일
2주 4일
2주 5일
3주 1일
3주 2일
3주 3일
3주 4일
3주 5일
7주 2일
7주 3일
7주 4일
7주 5일
8주 1일
8주 2일
8주 3일
8주 4일
8주 5일
10주 2일
10주 3일
10주 4일
10주 5일
완성!
右
內
男
孝
安
家
道
工
前
後
時
空
間
市
午
直
食
事
物
答
每
農
場
漢

하루 한장 한자 한눈에 보기

1-1 8급

1주	日일	月월	山산	水수	火화
2주	一일	二이	三삼	四사	五오
3주	人인	大대	小소	女녀	王왕
4주	六륙	七칠	八팔	九구	十십
5주	東동	西서	南남	北북	中중
6주	父부	母모	兄형	弟제	外외
7주	木목	金금	土토	青청	白백
8주	長장	寸촌	先선	生생	民민
9주	萬만	年년	韓한	國국	軍군
10주	學학	校교	門문	教교	室실

1-2 7급Ⅱ

1주	手수	足족	自자	力력	子자
2주	上상	下하	左좌	右우	內내
3주	男남	孝효	安안	家가	道도
4주	工공	車거	立립	平평	不불
5주	江강	海해	姓성	名명	動동
6주	前전	後후	時시	空공	間간
7주	市시	午오	直직	話화	記기
8주	正정	世세	全전	方방	活활
9주	電전	氣기	食식	事사	物물
10주	答답	每매	農농	場장	漢한

2-1 7급

1주	口구	面면	心심	川천	夕석
2주	天천	地지	然연	花화	草초
3주	出출	入입	文문	字자	語어
4주	春춘	夏하	秋추	冬동	色색
5주	老로	少소	主주	夫부	祖조
6주	百백	千천	數수	算산	同동
7주	問문	休휴	林림	植식	村촌
8주	住주	所소	邑읍	里리	洞동
9주	有유	來래	育육	登등	重중
10주	便편	紙지	命명	歌가	旗기

2-2 6급Ⅱ

1주	身신	體체	始시	作작	果과
2주	清청	風풍	光광	明명	堂당
3주	利리	用용	注주	意의	勇용
4주	昨작	今금	反반	省성	消소
5주	部부	分분	高고	等등	線선
6주	音음	樂락	發발	表표	弱약
7주	幸행	運운	神신	童동	放방
8주	現현	代대	各각	班반	急급
9주	公공	共공	集집	計계	雪설
10주	會회	社사	半반	球구	理리

3-1 6급Ⅱ + 6급

1주	業업	界계	成성	功공	才재
2주	新신	聞문	讀독	書서	庭정
3주	圖도	形형	戰전	術술	題제
4주	對대	角각	短단	信신	窓창
5주	飮음	藥약	科과	第제	和화
6주	太태	陽양	石석	油유	強강
7주	言언	行행	失실	禮례	習습
8주	區구	別별	合합	席석	多다
9주	交교	感감	親친	近근	愛애
10주	衣의	服복	根근	本본	由유

3-2 6급

1주	晝주	夜야	永영	遠원	朝조
2주	特특	定정	苦고	待대	向향
3주	通통	路로	開개	園원	郡군
4주	勝승	者자	頭두	目목	使사
5주	溫온	度도	米미	美미	畫화
6주	在재	野야	李리	朴박	京경
7주	綠록	黃황	洋양	樹수	銀은
8주	病병	死사	例례	式식	孫손
9주	番번	號호	古고	速속	族족
10주	級급	訓훈	章장	英영	醫의

4-1 5급Ⅱ　**4-2** 5급Ⅱ + 5급　**5-1** 5급 + 4급Ⅱ

6-1 4급Ⅱ　**6-2** 4급Ⅱ

하루 한장 한자 지도 방법 1-2 7급Ⅱ

1 오늘 배울 한자

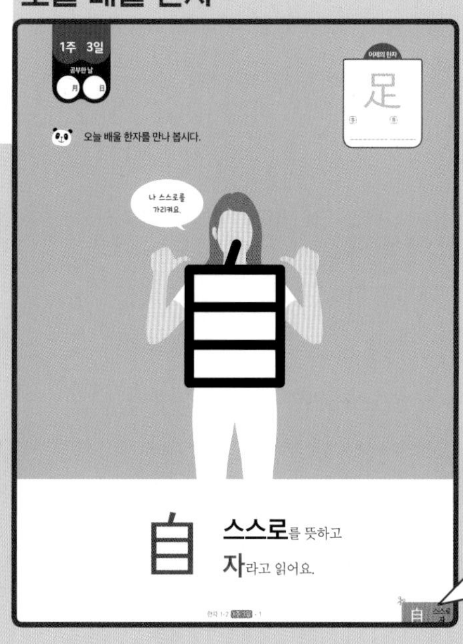
1주 3일
공부한 날
어제의 한자
足
오늘 배울 한자를 만나 봅시다.

自 스스로를 뜻하고 자라고 읽어요.

학습 계획표의 만리장성을 완성하세요.

- 어제 배운 한자의 훈과 음을 써 보며 한 번 더 복습해 주세요.
- 오늘 배울 한자는 그림을 보며 한자 모양과 뜻을 연상할 수 있도록 설명해 주세요.

2 한자 익히기

自 스스로 자
'스스로'를 뜻합니다. '스스로'는 자기 자신을 가리키는 말입니다.
순서에 맞게 한자를 써 봅시다.
스스로 자

- 설명을 읽고, 한자의 뜻을 쉽게 이해할 수 있도록 해 주세요.
- 훈과 음을 소리 내어 읽으며 한자를 필순에 맞게 쓸 수 있도록 해 주세요.

3 교과서 어휘 및 급수 시험 유형 문제

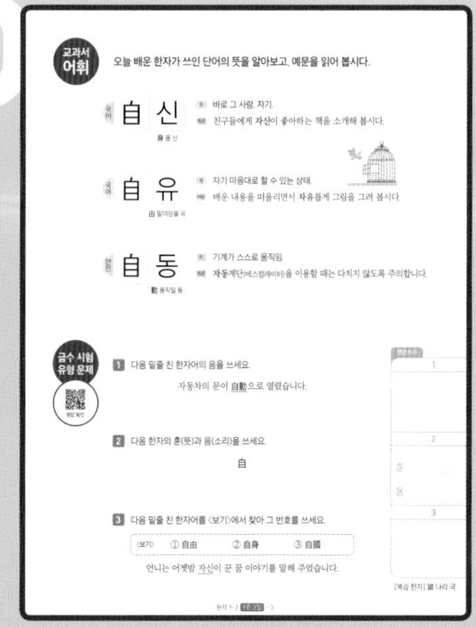
교과서 어휘 오늘 배운 한자가 쓰인 단어의 뜻을 알아보고, 예문을 읽어 봅시다.
自신 — 바로 그 사람. 자기. / 친구들에게 자신이 좋아하는 책을 소개해 봅시다.
自유 — 자기 마음대로 할 수 있는 상태. / 배운 내용을 떠올리면서 자유롭게 그림을 그려 봅시다.
自동 — 기계가 스스로 움직임. / 자동계단(에스컬레이터)을 이용할 때는 다치지 않도록 주의합니다.
급수 시험 유형 문제
1 다음 밑줄 친 한자어의 음을 쓰세요.
2 다음 한자의 훈(뜻)과 음(소리)을 쓰세요.
3 다음 밑줄 친 한자어를 〈보기〉에서 찾아 그 번호를 쓰세요.

- 교과서에 나오는 한자 어휘의 뜻을 알고, 예문을 통해 쉽게 익힐 수 있도록 해 주세요.
- 한자능력검정시험 유형 문제를 풀며 급수 시험을 대비할 수 있도록 해 주세요.

4 교과 학습 연계 및 활동

교과서 한자王
'自'는 이렇게 만들어졌어요

한중일 한자
自 자 自 쯔 自 지

일본어 발음은 한자의 음으로 읽는 법을 제시했어요.

- 한자와 관련된 교과 내용의 재미있는 이야기나 활동으로 학습의 재미를 더해 주세요.
- 한국, 중국, 일본의 한자를 비교해 보고, QR 코드를 통해 발음을 들려주세요.

하루 한장 **한자**

1-2 7급Ⅱ

급수 시험 유형 문제 & 교과서通 한자王 정답

하루 한 장 학습지 안에 수록된 QR 코드를 통해서도 정답을 확인할 수 있습니다.

1주 1일 1 실수 2 손 수 3 ③

1주 2일 1 부족 2 ③ 3 ②

[한자王]

1주 3일 1 자동 2 스스로 자 3 ②

1주 4일 1 전력 2 ① 3 ③

1주 5일 1 손자 2 아들 자 3 ②

[한자王] ①-㉠, ②-㉢, ③-㉡, ④-㉣

2주 1일 1 수상 2 윗 상 3 ③

[한자王]

2주 2일 1 하차 2 아래 하 3 ②

2주 3일 1 좌우 2 ③ 3 ②

2주 4일 1 우측 2 오른 우 3 ②

[한자王] ① 左, ② 右, ③ 上, ④ 下

2주 5일 1 실내 2 안 내 3 ①

[한자王] 사슴

3주 1일 1 장남 2 사내 남 3 ③

3주 2일 1 효심 2 ③ 3 ②

3주 3일 1 안전 2 편안 안 3 ③

[한자王]

3주 4일 1 가문 2 ② 3 ③

3주 5일 1 인도 2 길 도 3 ③

4주 1일 1 공사 2 장인 공 3 ③

[한자王] ①-㉣, ②-㉡, ③-㉢, ④-㉠

4주 2일 1 차도 2 ① 3 ④

4주 3일 1 국립 2 설 립 3 ②

4주 4일 1 평일 2 평평할 평 3 ①

4주 5일 1 불평 2 ② 3 ②

5주 1일 1 강산 2 강 강 3 ②

5주 2일 1 해외 2 ③ 3 ②
[한자王] ①, ④, ⑥, ⑦, ⑩ – 海

5주 3일 1 성명 2 성 성 3 ④

5주 4일 1 명산 2 ② 3 ②

5주 5일 1 동물 2 움직일 동 3 ①

6주 1일 1 전진 2 앞 전 3 ③
[한자王] ○ → × → × → ○

6주 2일 1 후회 2 ② 3 ③

6주 3일 1 시계 2 때 시 3 ②
[한자王] ①

6주 4일 1 공간 2 ② 3 ②

6주 5일 1 중간 2 사이 간 3 ③

7주 1일 1 시장 2 저자 시 3 ④
[한자王] 시장에 가요

7주 2일 1 오후 2 낮 오 3 ①

7주 3일 1 직립 2 곧을 직 3 ③
[한자王] 直

7주 4일 1 수화 2 ① 3 ③

7주 5일 1 일기 2 기록할 기 3 ③
[한자王] 記

8주 1일 1 정직 2 바를 정 3 ③

8주 2일 1 세상 2 ② 3 ①

8주 3일 1 전국 2 온전 전 3 ③

8주 4일 1 방법 2 ② 3 ③

8주 5일 1 활동 2 살 활 3 ①

9주 1일 1 전기 2 번개 전 3 ①

9주 2일 1 인기 2 ③ 3 ②

9주 3일 1 외식 2 밥, 먹을 식 3 ②

9주 4일 1 행사 2 ③ 3 ②

9주 5일 1 인물 2 물건 물 3 ①

10주 1일 1 정답 2 대답 답 3 ③
[한자王] ① 子(아들 자), ② 小(작을 소),
③ 事(일 사), ④ 家(집 가)

10주 2일 1 매년 2 ② 3 ③
[한자王] ① 공기, ② 대답, ③ 부부, ④ 전진

10주 3일 1 농부 2 농사 농 3 ③

10주 4일 1 입장 2 ③ 3 ③

10주 5일 1 한강 2 한나라 한 3 ③
[한자王] ○ → ○ → × → × → ○

제1회 한자능력검정시험 7급Ⅱ 정답

1 만금	2 남북	3 칠월	4 교내	5 전화	6 청년	7 시장	8 대가
9 안전	10 군인	11 삼촌	12 생활	13 수문	14 교장	15 부족	16 자백
17 시공	18 국민	19 화산	20 사방	21 매사	22 왕자	23 사이 간	24 기운 기
25 대답 답	26 길 도	27 움직일 동	28 이름 명	29 물건 물	30 바를 정	31 밥, 먹을 식	32 집 실
33 오른 우	34 아우 제	35 일곱 칠	36 평평할 평	37 바다 해	38 불 화	39 여덟 팔	40 기록할 기
41 날 일	42 편안 안	43 ③	44 ④	45 ①	46 ⑦	47 ⑧	48 ②
49 ⑩	50 ③	51 ⑨	52 ④	53 ⑤	54 ⑥	55 ①	56 ②
57 ③	58 ①	59 ⑤	60 ⑦				

제2회 한자능력검정시험 7급Ⅱ 정답

1 남녀	2 화기	3 시장	4 연금	5 후학	6 해상	7 수중	8 오후
9 농토	10 정답	11 활동	12 국립	13 일기	14 효자	15 외가	16 대왕
17 사방	18 외식	19 만물	20 정도	21 형제	22 민가	23 가운데 중	24 아래 하
25 사내 남	26 문 문	27 남녘 남	28 달 월	29 말씀 화	30 집 가	31 군사 군	32 학교 교
33 흰 백	34 빌 공	35 해 년	36 나무 목	37 바다 해	38 온전 전	39 계집 녀	40 가르칠 교
41 강 강	42 일 사	43 ②	44 ④	45 ③	46 ④	47 ⑨	48 ⑧
49 ⑩	50 ②	51 ⑦	52 ⑥	53 ⑤	54 ①	55 ①	56 ④
57 ③	58 ④	59 ⑦	60 ④				

본 교재는 사단법인 한국어문회의 한자 기준으로 만들었습니다.
한자능력검정시험 일정 및 접수 방법과 관련된 내용은 한국어문회(https://www.hanja.re.kr)를 참고하기 바랍니다.

8급	漢字 學習 동기 부여를 위한 급수(상용한자 50자) **[1-1]**
7급Ⅱ	기초 常用漢字 활용의 초급 단계(상용한자 100자) **[1-2]**
7급	기초 常用漢字 활용의 초급 단계(상용한자 150자) **[2-1]**
6급Ⅱ	기초 常用漢字 활용의 중급 단계(상용한자 225자, 쓰기 50자) **[2-2, 3-1]**
6급	기초 常用漢字 활용의 고급 단계(상용한자 300자, 쓰기 150자) **[3-1, 3-2]**
5급Ⅱ	중급 常用漢字 활용의 초급 단계(상용한자 400자, 쓰기 225자) **[4-1, 4-2]**
5급	중급 常用漢字 활용의 초급 단계(상용한자 500자, 쓰기 300자) **[4-2, 5-1]**
4급Ⅱ	중급 常用漢字 활용의 중급 단계(상용한자 750자, 쓰기 400자) **[5-1, 5-2, 6-1, 6-2]**

*하루 한 장 한자 4급Ⅱ(750자)까지 학습하면 초등 교육 과정과 서울특별시 교육청 초등 한자 600자를 모두 익힐 수 있습니다.

*상위 급수 한자는 하위 급수 한자를 모두 포함하고 있습니다.

*쓰기 배정 한자는 한두 급수 아래의 읽기 배정 한자이거나 해당 급수 범위 내에 있습니다.

오늘 배울 한자를 만나 봅시다.

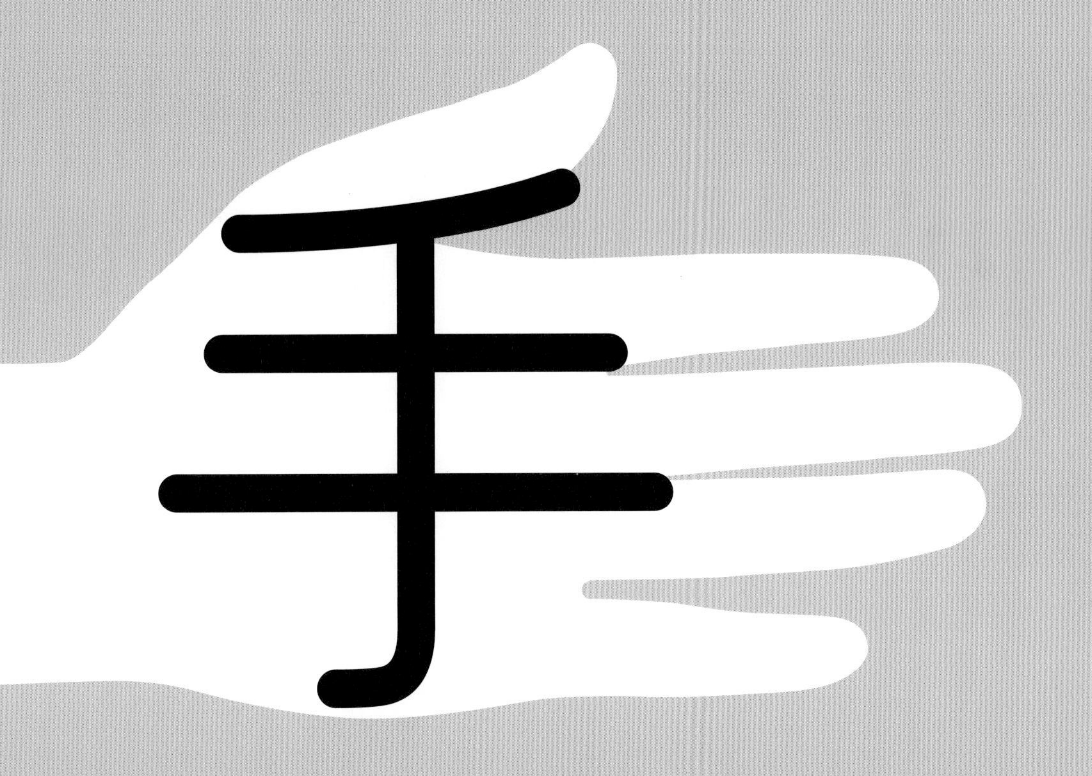

手

손을 뜻하고
수라고 읽어요.

手 손 수

다섯 손가락을 펼친 손 모양을 따라 만든 글자로, '손'을 뜻합니다. '手'는 어떤 일을 잘하는 '사람'이라는 뜻으로도 쓰입니다.

순서에 맞게 한자를 써 봅시다.

㇀ 二 三 手

手	手	手	手
손 수	손 수	손 수	손 수
손 수	손 수	손 수	손 수
손 수	손 수	손 수	손 수

오늘 배운 한자가 쓰인 단어의 뜻을 알아보고, 예문을 읽어 봅시다.

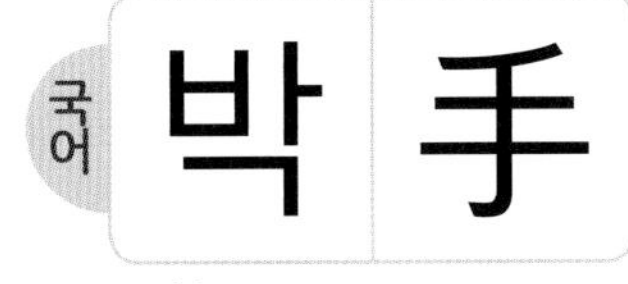

拍 칠 박

뜻 두 손뼉을 마주 침.

예문 마술사의 공연이 끝나자 모두 **박수**를 쳤습니다.

국어 **실 手**

失 잃을 실

뜻 조심하지 않아 잘못함.

예문 **실수**로 친구의 놀이를 방해했다면 사과해야 합니다.

가을 **가 手**

歌 노래 가

뜻 노래 부르는 사람.

예문 미래는 멋진 **가수**가 되고 싶다고 소원을 빌었습니다.

1 다음 밑줄 친 한자어의 음을 쓰세요.

<u>失手</u>로 공책에 물을 쏟았습니다.

2 다음 한자의 훈(뜻)과 음(소리)을 쓰세요.

手

3 다음 밑줄 친 한자어를 〈보기〉에서 찾아 그 번호를 쓰세요.

〈보기〉 ① 木手 ② 失手 ③ 歌手

아빠와 내가 좋아하는 <u>가수</u>가 같습니다.

정답 쓰기

1

2

훈 ________

음 ________

3

[복습 한자] 木 나무 목

교과서通 한자王

여러 가지 뜻을 가진 한자 '手'

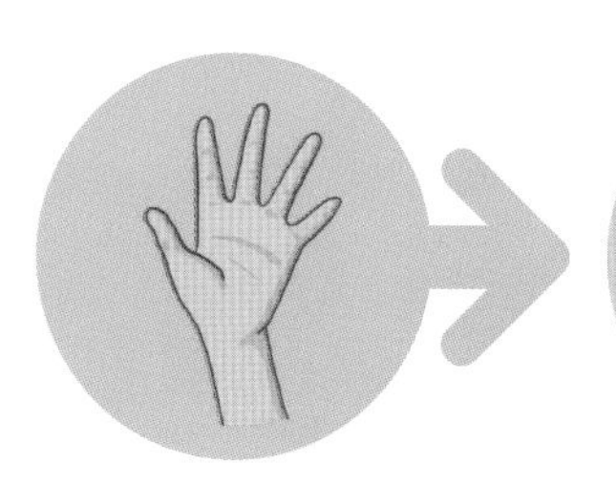

'手(수)'가 들어간 한자어는 손으로 하는 동작과 관련된 뜻을 가집니다.

손으로 물건을 만들거나 일을 하기 때문에 '手(수)'는 어떤 일을 잘 하는 사람이라는 뜻을 가지고 있습니다. '가수(歌手)'는 노래를 잘하는 사람이라는 뜻입니다. 공을 잘 던지는 사람은 '투수(投手)'이고, '목수(木手)'는 나무를 잘 다루는 사람입니다.

손으로 노래하는 것이 아닌데 왜 가수예요?

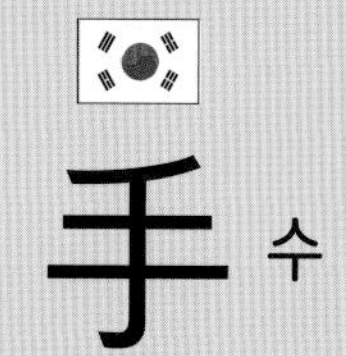

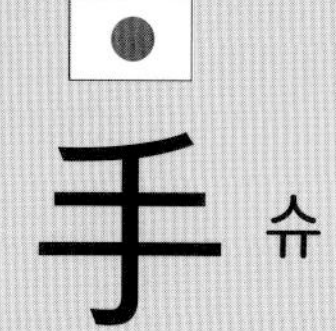

足 **발**을 뜻하고

족이라고 읽어요.

足 발 족

발 족

7급Ⅱ | 부수 足 | 총 7획

무릎부터 발까지의 모양을 따라 만든 글자로 '발'을 뜻합니다. '足'은 모자람 없이 '넉넉하다'는 뜻으로도 쓰입니다.

순서에 맞게 한자를 써 봅시다.

丨 ㄇ 口 㔾 𧾷 ⻊ 足

足	足	足	足
발 족	발 족	발 족	발 족
발 족	발 족	발 족	발 족
발 족	발 족	발 족	발 족

오늘 배운 한자가 쓰인 단어의 뜻을 알아보고, 예문을 읽어 봅시다.

手 손 수

뜻 손과 발.

예문 **수족**이 불편한 옆집 할머니를 도와드렸습니다.

滿 찰 만

뜻 마음에 들거나 모자람이 없이 넉넉함.

예문 우주는 자신의 꿈을 말한 뒤에 **만족**한 표정으로 웃었습니다.

不 아닐 불(부)

뜻 충분하지 않음. 모자람.

예문 슬기의 일기에서 **부족**한 점을 찾아 바르게 고쳐 봅시다.

1 다음 밑줄 친 한자어의 음을 쓰세요.

수학 문제를 푸는 데 시간이 <u>不足</u>했습니다.

2 다음 훈(뜻)과 음(소리)에 맞는 한자를 〈보기〉에서 찾아 그 번호를 쓰세요.

〈보기〉 ① 手 ② 兄 ③ 足

발 족

3 다음 한자의 진하게 표시한 획은 몇 번째 쓰는지 〈보기〉에서 찾아 그 번호를 쓰세요.

足

〈보기〉 ① 세 번째 ② 네 번째 ③ 다섯 번째 ④ 여섯 번째

정답 쓰기

1

2

3

[복습 한자] 兄 형 형

'足'을 따라가 미로를 탈출해요

족

'발'을 뜻하는 한자를 따라가서 미로를 탈출해 봅시다.

足 족

足 주

足 소쿠

오늘 배울 한자를 만나 봅시다.

自 **스스로**를 뜻하고
자라고 읽어요.

自 스스로 자

'스스로'를 뜻합니다. '스스로'는 자기 자신을 가리키는 말입니다.

순서에 맞게 한자를 써 봅시다.

丿 𠂇 白 自 自 自

自	自	自	自
스스로 자	스스로 자	스스로 자	스스로 자
스스로 자	스스로 자	스스로 자	스스로 자
스스로 자	스스로 자	스스로 자	스스로 자

오늘 배운 한자가 쓰인 단어의 뜻을 알아보고, 예문을 읽어 봅시다.

身 몸 신

뜻 바로 그 사람. 자기.

예문 친구들에게 **자신**이 좋아하는 책을 소개해 봅시다.

由 말미암을 유

뜻 자기 마음대로 할 수 있는 상태.

예문 배운 내용을 떠올리면서 **자유**롭게 그림을 그려 봅시다.

動 움직일 동

뜻 기계가 스스로 움직임.

예문 **자동**계단(에스컬레이터)을 이용할 때는 다치지 않도록 주의합니다.

1 다음 밑줄 친 한자어의 음을 쓰세요.

자동차의 문이 <u>自動</u>으로 열렸습니다.

2 다음 한자의 훈(뜻)과 음(소리)을 쓰세요.

自

3 다음 밑줄 친 한자어를 〈보기〉에서 찾아 그 번호를 쓰세요.

〈보기〉	① 自由	② 自身	③ 自國

언니는 어젯밤 <u>자신</u>이 꾼 꿈 이야기를 말해 주었습니다.

정답 쓰기

1

2

훈 ....

음 ....

3

[복습 한자] 國 나라 국

'自'는 이렇게 만들어졌어요

중국 사람들은 자기 자신을 가리킬 때 코를 가리키는 습관이 있어서 '코' 모양으로 '자기'라는 뜻을 나타내게 되었대.

슝!

自 자

自 쯔

自 지

오늘 배울 한자를 만나 봅시다.

力 **힘**을 뜻하고
력이라고 읽어요.

力 힘 력

'힘'을 뜻합니다. '力(힘 력)'이 한자의 부수로 쓰이면 힘이나 힘이 센 것과 관련된 뜻을 가집니다.

순서에 맞게 한자를 써 봅시다.

ㄱ 力

力	力	力	力
힘 력	힘 력	힘 력	힘 력
힘 력	힘 력	힘 력	힘 력
힘 력	힘 력	힘 력	힘 력

오늘 배운 한자가 쓰인 단어의 뜻을 알아보고, 예문을 읽어 봅시다.

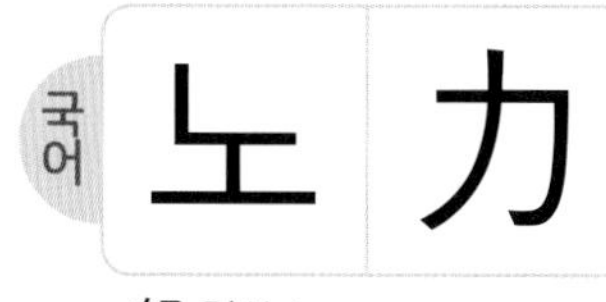

努 힘쓸 노

뜻 몸과 마음을 다하여 애를 씀.

예문 미래는 실감 나게 책을 읽으려고 **노력**했습니다.

實 열매 실

뜻 실제로 가지고 있는 힘.

예문 슬기의 노래 **실력**은 우리 반 최고입니다.

全 온전 전

뜻 모든 힘.

예문 우주는 **전력**을 다해 뛰었습니다.

1 다음 밑줄 친 한자어의 음을 쓰세요.

우리 팀은 <u>全力</u>을 다해 싸워 시합에서 이겼습니다.

2 다음 훈(뜻)과 음(소리)에 맞는 한자를 <보기>에서 찾아 그 번호를 쓰세요.

<보기>	① 力	② 手	③ 自

힘 력

3 다음 밑줄 친 한자어를 <보기>에서 찾아 그 번호를 쓰세요.

<보기>	① 自力	②全力	③ 實力

열심히 연습한 결과 <u>실력</u>이 많이 늘었습니다.

정답 쓰기

1

2

3

[복습 한자] 手 손 수
自 스스로 자

노력이 만든 발명왕 에디슨

에디슨은 엉뚱하고 호기심 많은 아이였습니다. 어린 에디슨은 달걀을 품으면 병아리가 태어난다는 말을 듣고 온종일 알을 품기도 했습니다. 에디슨은 궁금한 것이 있으면 참지 못하고 선생님께 많은 질문을 했습니다. 선생님은 질문이 너무 많은 에디슨을 가르칠 수 없다며 학교에서 퇴학시켰습니다. 학교에 다닐 수 없게 된 에디슨은 집에서 엄마와 함께 책을 읽으며 호기심을 채웠습니다.

어른이 된 에디슨은 전기와 통신에 흥미를 느끼고 발명을 시작했습니다. 1897년에는 역사상 가장 위대한 발명품 중 하나로 꼽히는 백열전등을 발명했습니다. 에디슨의 발명품은 천 가지가 넘습니다.

力 리

力 료쿠

오늘 배울 한자를 만나 봅시다.

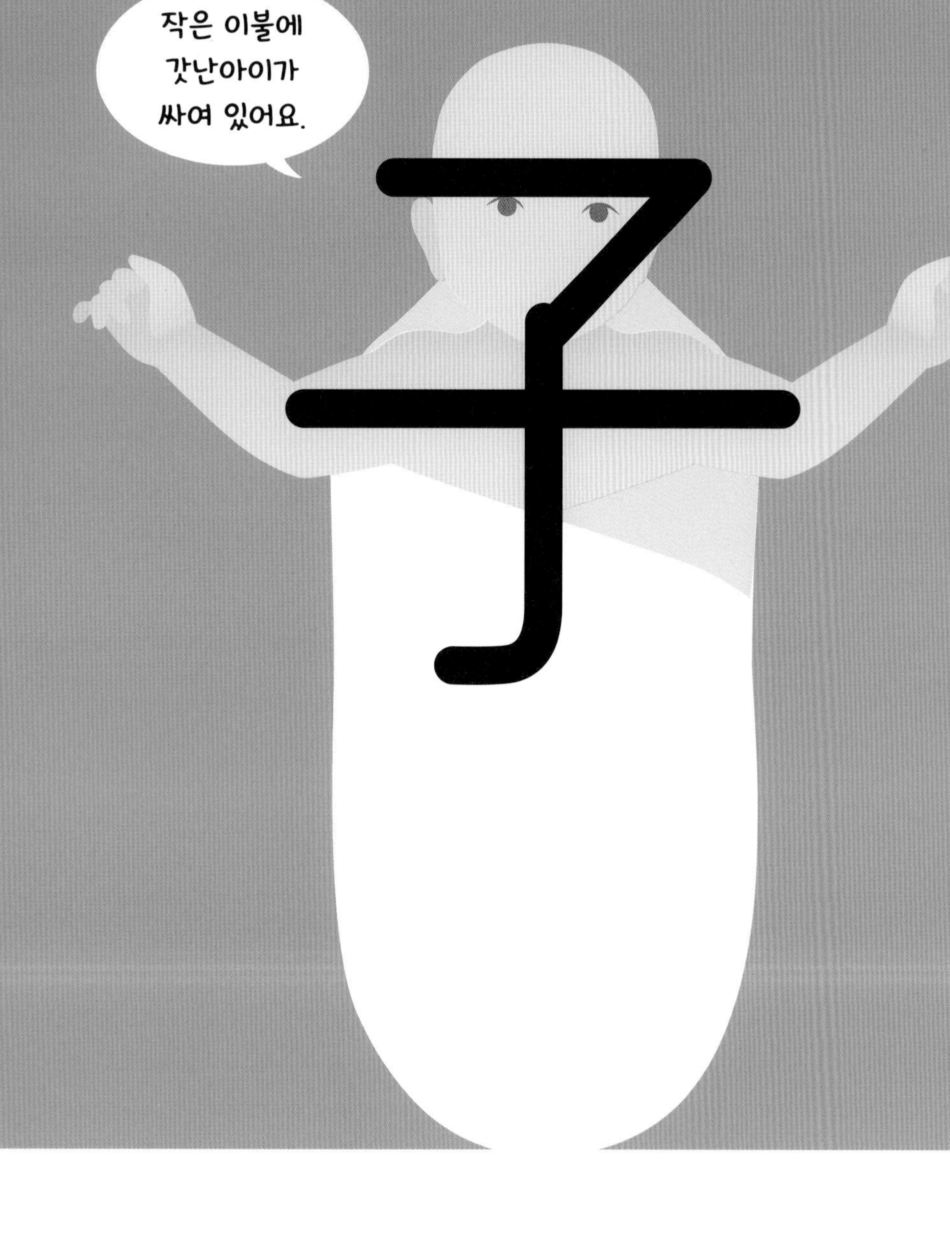

子 **아들**을 뜻하고
자라고 읽어요.

子 아들 **자**

'아들'을 뜻합니다. '子(아들 자)'가 한자의 부수로 쓰이면 어린아이와 관련된 뜻을 가집니다.

순서에 맞게 한자를 써 봅시다.

乛 了 子

아들 자	아들 자	아들 자	아들 자
아들 자	아들 자	아들 자	아들 자
아들 자	아들 자	아들 자	아들 자

오늘 배운 한자가 쓰인 단어의 뜻을 알아보고, 예문을 읽어 봅시다.

女 여자 녀

뜻 아들과 딸.

예문 부모와 **자녀**가 함께 놀이에 참여했습니다.

孫 손자 손

뜻 아들의 아들이나 딸의 아들.

예문 할머니는 **손자**와 즐거운 시간을 보냈습니다.

가을 효 子

孝 효도 효

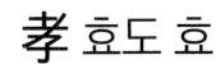

뜻 부모를 잘 모시는 아들.

예문 이웃집 아들은 **효자**라고 소문이 났습니다.

1 다음 밑줄 친 한자어의 음을 쓰세요.

할아버지는 <u>孫子</u>의 손을 꼭 잡았습니다.

2 다음 한자의 훈(뜻)과 음(소리)을 쓰세요.

子

3 다음 뜻에 맞는 한자어를 〈보기〉에서 찾아 그 번호를 쓰세요.

〈보기〉 ① 父子 ② 子女 ③ 孝子

아들과 딸.

정답 쓰기

1

2

훈

음

3

[복습 한자] 父 아비 부

'子'가 들어간 단어를 연결해요

자

그림에 알맞은 단어를 찾아 선으로 연결해 봅시다.

①

㉠ 왕자
왕의 아들.

②

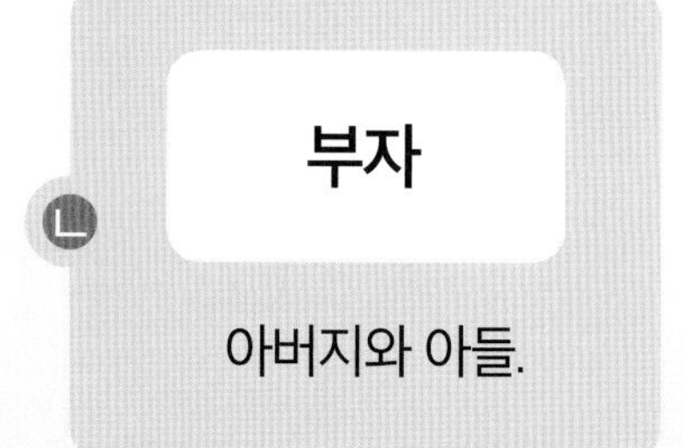
㉡ 부자
아버지와 아들.

③

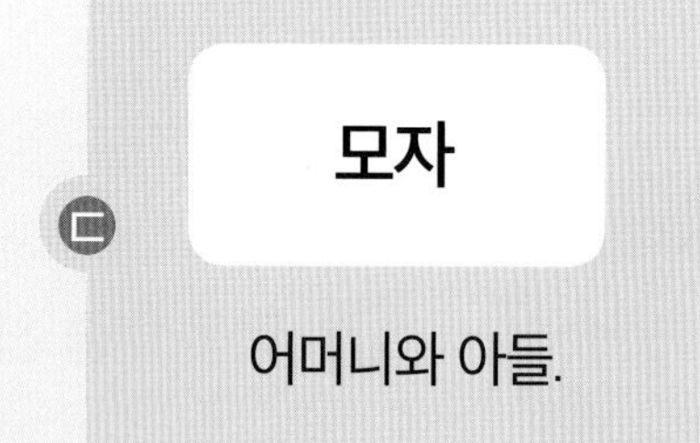
㉢ 모자
어머니와 아들.

④

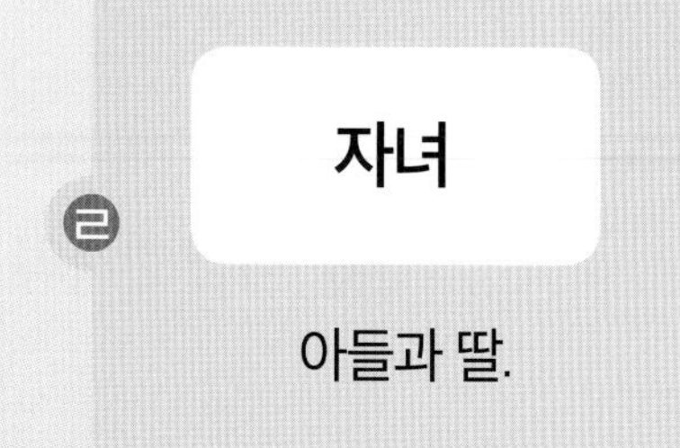
㉣ 자녀
아들과 딸.

子 자

子 쯔

子 시

오늘 배울 한자를 만나 봅시다.

上 **위**를 뜻하고
상이라고 읽어요.

上 윗 **상**

어떤 기준보다 더 높은 쪽인 '위'를 뜻합니다.

순서에 맞게 한자를 써 봅시다.

丨 ⺊ 上

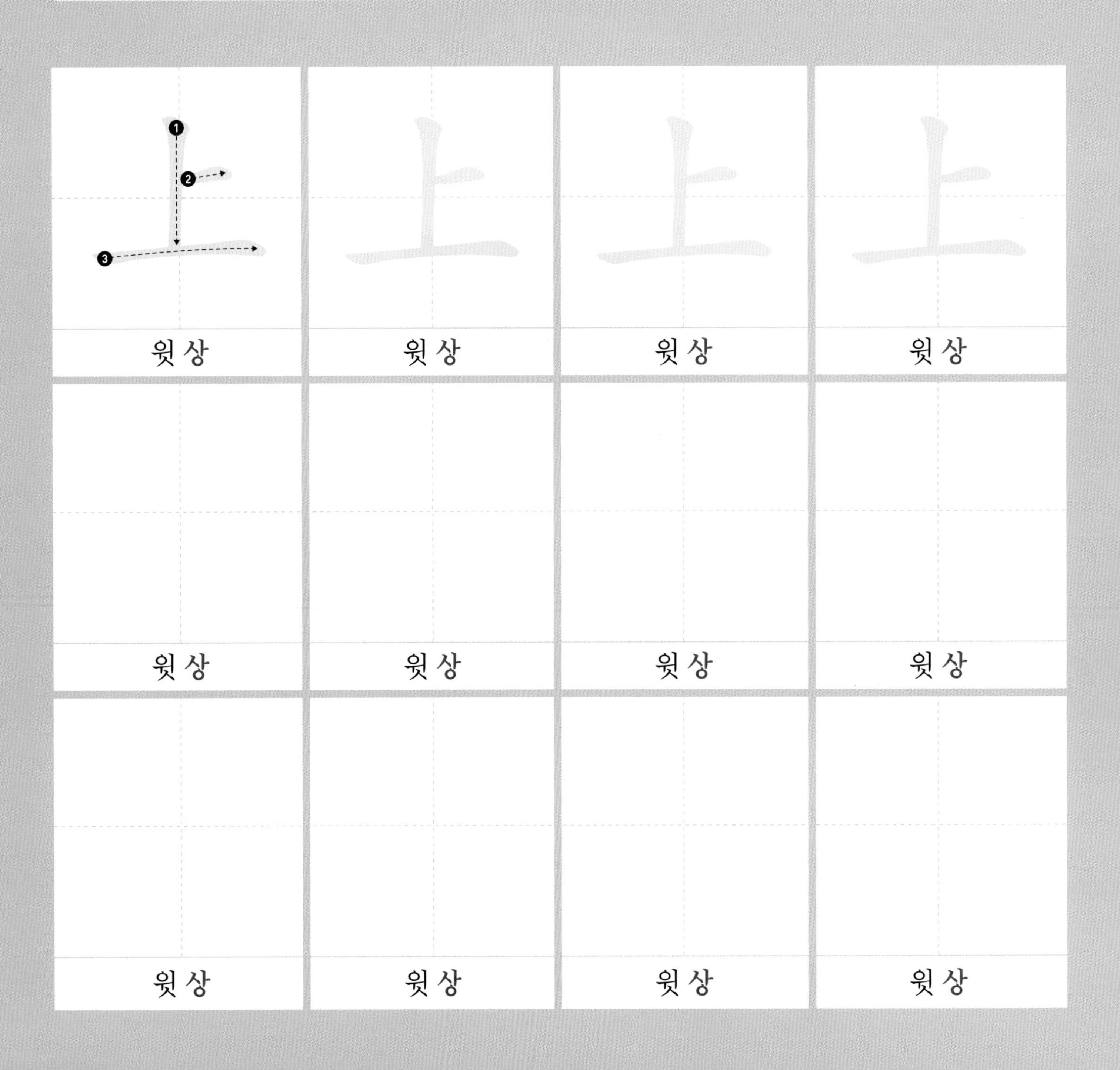

오늘 배운 한자가 쓰인 단어의 뜻을 알아보고, 예문을 읽어 봅시다.

水 물 수

뜻 물 위.

예문 여름철 **수상** 활동 안전 수칙을 알아봅시다.

屋 집 옥

뜻 지붕 위.

예문 이웃집 할머니는 건물 **옥상**에 꽃밭을 만들었습니다.

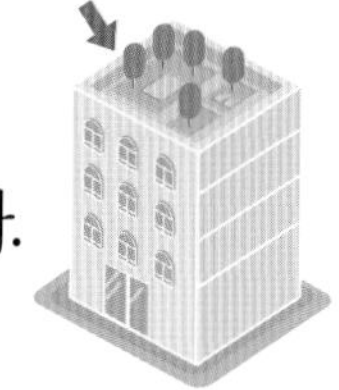

頂 정수리 정

뜻 맨 꼭대기.

예문 산 **정상**에서 내려다본 단풍이 아름답습니다.

1 다음 밑줄 친 한자어의 음을 쓰세요.

<u>水上</u> 가옥은 물 위에 지은 집입니다.

2 다음 한자의 훈(뜻)과 음(소리)을 쓰세요.

上

3 다음 밑줄 친 한자어를 〈보기〉에서 찾아 그 번호를 쓰세요.

〈보기〉 ① 水上 ② 北上 ③ 屋上

어머니는 <u>옥상</u>의 작은 텃밭에서 채소를 기릅니다.

정답 쓰기

1

2

훈

음

3

[복습 한자] 北 북녘 북

그림 속에 숨은 '上'을 찾아요

그림 속에 숨은 한자 '上'을 찾아 ○표 해 봅시다.

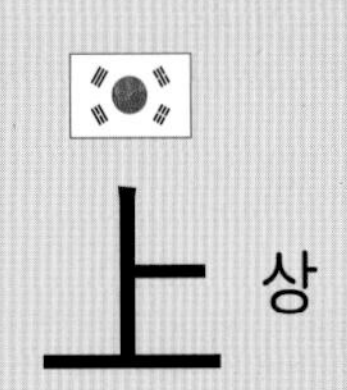
上 상

上 샹

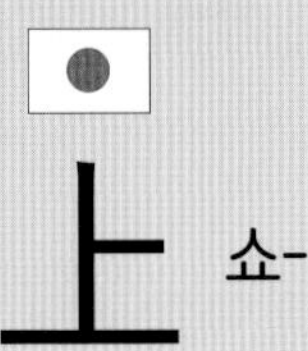
上 쇼-

오늘 배울 한자를 만나 봅시다.

下 **아래**를 뜻하고
하라고 읽어요.

下 아래 **하**

어떤 기준보다 더 낮은 쪽인 '아래'를 뜻합니다.

※ 상대(반대)되는 한자: 上(윗 상) ↔ 下(아래 하)

순서에 맞게 한자를 써 봅시다.

一 丅 下

아래 하	아래 하	아래 하	아래 하
아래 하	아래 하	아래 하	아래 하
아래 하	아래 하	아래 하	아래 하

오늘 배운 한자가 쓰인 단어의 뜻을 알아보고, 예문을 읽어 봅시다.

地 땅 지

뜻 땅속. 땅 밑.

예문 **지하**에서 대피할 때는 비상등을 따라갑니다.

天 하늘 천

뜻 하늘 아래 온 세상.

예문 내가 당근을 싫어하는 것은 **천하**가 다 아는 사실입니다.

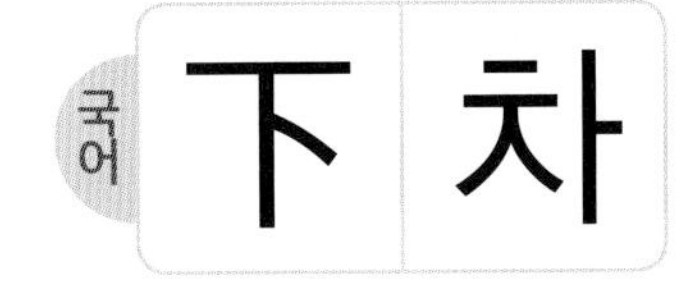

車 수레 차

뜻 차에서 내림.

예문 **하차**할 때는 옷이 문에 끼지 않게 조심합니다.

1 다음 밑줄 친 한자어의 음을 쓰세요.

천천히 차례대로 <u>下車</u>하세요.

2 다음 한자의 훈(뜻)과 음(소리)을 쓰세요.

下

3 다음 한자의 상대 또는 반대되는 한자를 〈보기〉에서 찾아 그 번호를 쓰세요.

〈보기〉 ① 力 ② 下 ③ 自

上 ↔ (   )

정답 쓰기

1

2

훈

음

3

[복습 한자] 力 힘 력
自 스스로 자

천하 대장군과 지하 여장군

장승은 돌이나 나무를 사람 모양으로 만들어 마을 입구에 세워 놓은 마을 지킴이입니다. 옛날 사람들은 마을 입구에 장승을 세워 두면 마을에 들어올지도 모르는 나쁜 기운이나 질병을 막을 수 있다고 생각했습니다.

장승은 보통 남녀 한 쌍으로 세웁니다. 장승의 얼굴 생김새는 도깨비를 닮아 어떤 것은 재미있기도 하고 어떤 것은 좀 무섭기도 합니다. 옛날 모자를 쓰고 몸에는 '천하 대장군(天下大將軍)'이라고 써 있는 것이 남자입니다. 여자는 모자를 쓰지 않고 몸에는 '지하 여장군(地下女將軍)'이라고 써 있습니다.

사람들이 길을 쉽게
찾을 수 있도록
마을과 마을 사이에
장승을 세우기도 했어요.

한국	중국	일본
下 하	下 씨아	下 카

오늘 배울 한자를 만나 봅시다.

左 **왼쪽**을 뜻하고
좌라고 읽어요.

左 왼 **좌**

左

왼 좌

7급Ⅱ | 부수 工 | 총 5획

'왼'은 왼쪽을 뜻합니다.

순서에 맞게 한자를 써 봅시다.

一 𠂇 左 左 左

左	左	左	左
왼 좌	왼 좌	왼 좌	왼 좌
왼 좌	왼 좌	왼 좌	왼 좌
왼 좌	왼 좌	왼 좌	왼 좌

오늘 배운 한자가 쓰인 단어의 뜻을 알아보고, 예문을 읽어 봅시다.

右 오른 우

뜻 왼쪽과 오른쪽.

예문 길을 건너기 전에 **좌우**를 꼭 살핍니다.

側 곁 측

뜻 왼쪽.

예문 우리나라에서 자동차 운전석은 **좌측**에 있습니다.

向 향할 향

뜻 서 있는 상태에서 몸을 왼쪽으로 돌아서는 동작.

예문 사자가 동물들에게 '**좌향좌**'라고 외쳤습니다.

1 다음 밑줄 친 한자어의 음을 쓰세요.

차에서 내리기 전에 먼저 <u>左右</u>를 살펴봅니다.

2 다음 훈(뜻)과 음(소리)에 맞는 한자를 〈보기〉에서 찾아 그 번호를 쓰세요.

〈보기〉 ① 上 ② 下 ③ 左

왼 좌

3 다음 한자의 진하게 표시한 획은 몇 번째 쓰는지 〈보기〉에서 찾아 그 번호를 쓰세요.

左

〈보기〉 ① 두 번째 ② 세 번째 ③ 네 번째 ④ 다섯 번째

정답 쓰기

1

2

3

[복습 한자] 上 윗 상
下 아래 하

왼쪽을 찾아서 '左'라고 써요

그림에서 왼쪽인 것을 찾아 ☐ 안에 '左'라고 써 봅시다.

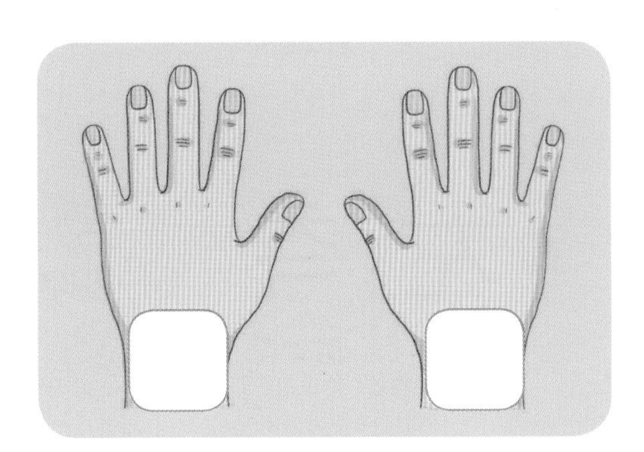

左 좌 | 左 주어 | 左 사

오늘 배울 한자를 만나 봅시다.

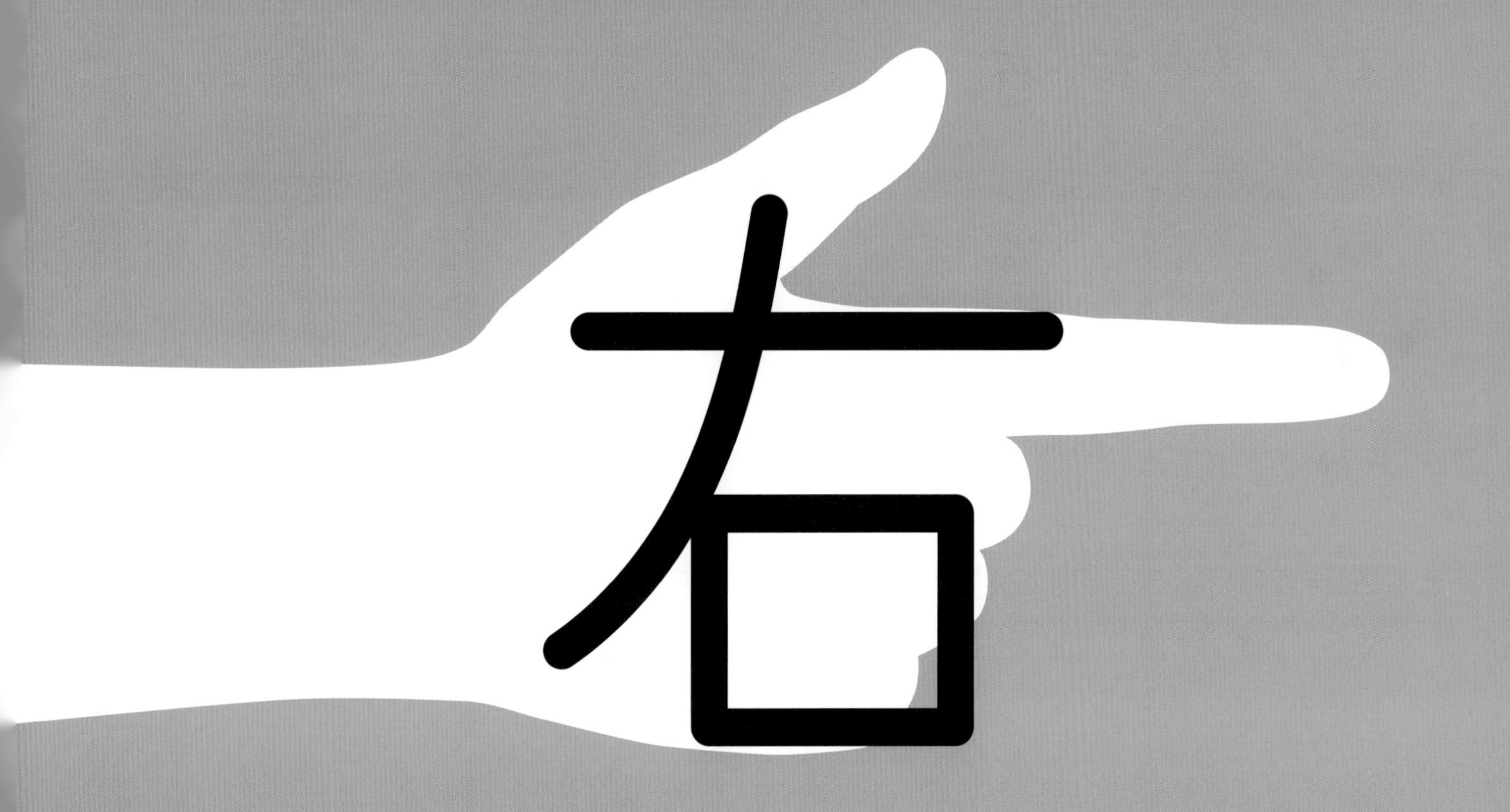

右 **오른쪽**을 뜻하고 **우**라고 읽어요.

右 오른 우

'오른'은 오른쪽을 뜻합니다.

※ 상대(반대)되는 한자: 左(왼 좌) ↔ 右(오른 우)

순서에 맞게 한자를 써 봅시다.

ノ ナ 十 右 右

右	右	右	右
오른 우	오른 우	오른 우	오른 우
오른 우	오른 우	오른 우	오른 우
오른 우	오른 우	오른 우	오른 우

오늘 배운 한자가 쓰인 단어의 뜻을 알아보고, 예문을 읽어 봅시다.

側 곁 측

뜻 오른쪽.

예문 골목 **우측**에서 갑자기 자동차가 나와서 깜짝 놀랐습니다.

向 향할 향

뜻 서 있는 상태에서 몸을 오른쪽으로 돌아서는 동작.

예문 '**우향우**'라고 하면 오른쪽으로 돌아야 합니다.

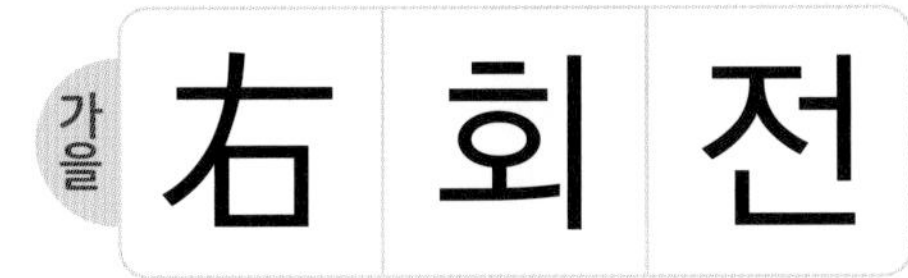

回 돌 회 轉 구를 전

뜻 오른쪽으로 돎.

예문 네거리에서 **우회전**하면 우리 동네가 보입니다.

1 다음 밑줄 친 한자어의 음을 쓰세요.

길을 걸을 때는 <u>右側</u>통행을 하는 것이 안전합니다.

2 다음 한자의 훈(뜻)과 음(소리)을 쓰세요.

右

3 다음 한자의 상대 또는 반대되는 한자를 〈보기〉에서 찾아 그 번호를 쓰세요.

〈보기〉	① 子	② 右	③ 母

左 ↔ (　　)

정답 쓰기

1

2

훈

음

3

[복습 한자] 子 아들 자
母 어미 모

한자의 오른쪽을 완성해요

한자의 훈(뜻)과 음(소리)을 보고 오른쪽 모양을 그려서 완성해 봅시다.

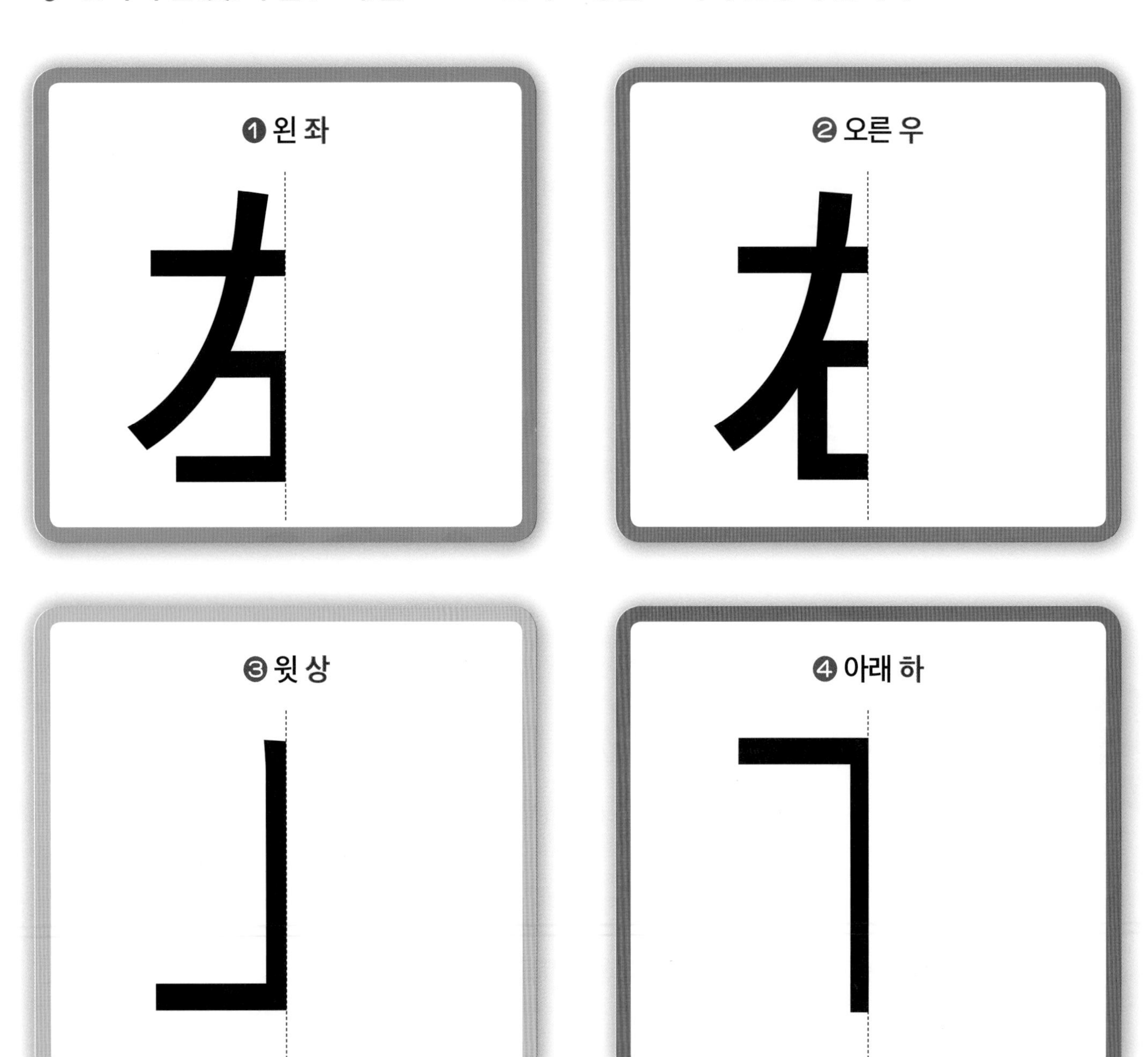

右 우　　右 여우　　右 우

오늘 배울 한자를 만나 봅시다.

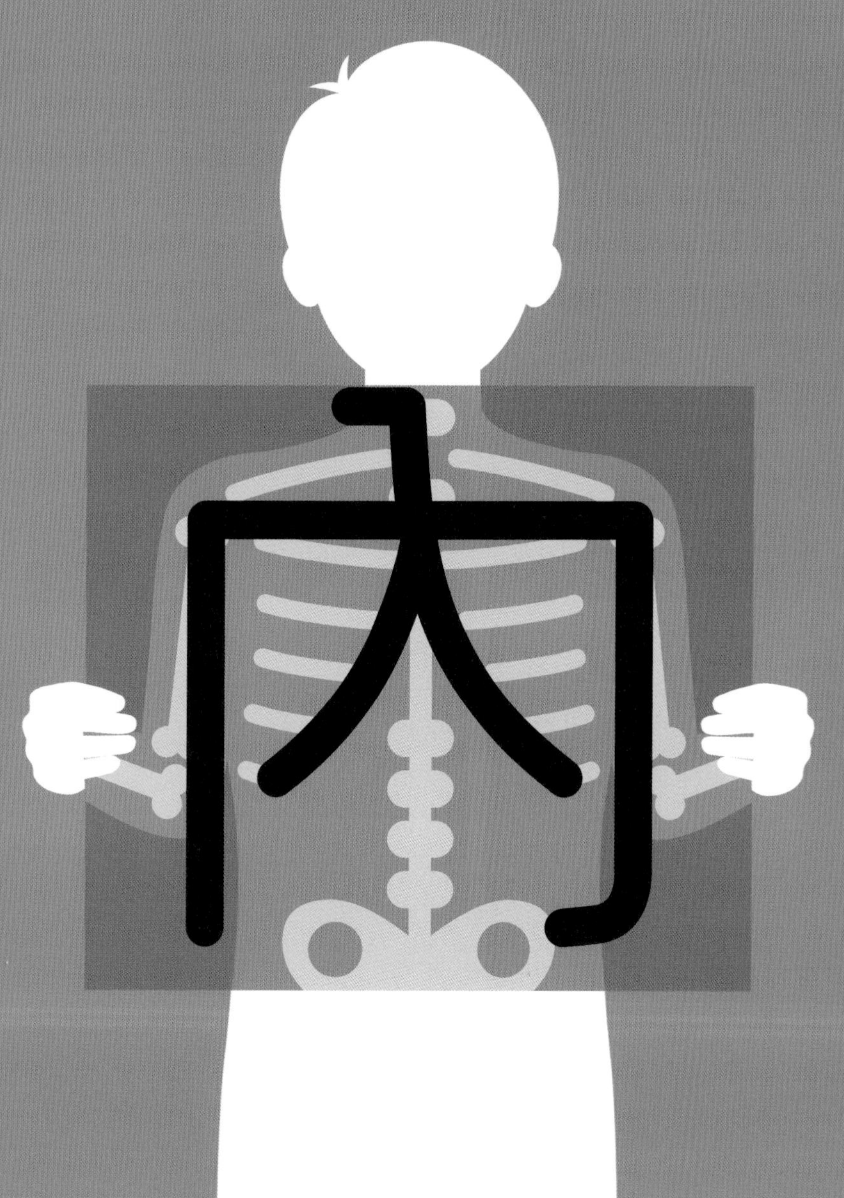

內 **안**을 뜻하고
내라고 읽어요.

內 안 내

안 내

7급Ⅱ	부수 入	총 4획

집 안(冂)으로 들어가는(入) 모습을 나타낸 글자로, '안'을 뜻합니다.

순서에 맞게 한자를 써 봅시다.

丨 冂 冂 內

內	內	內	內
안 내	안 내	안 내	안 내
안 내	안 내	안 내	안 내
안 내	안 내	안 내	안 내

오늘 배운 한자가 쓰인 단어의 뜻을 알아보고, 예문을 읽어 봅시다.

室 집 실

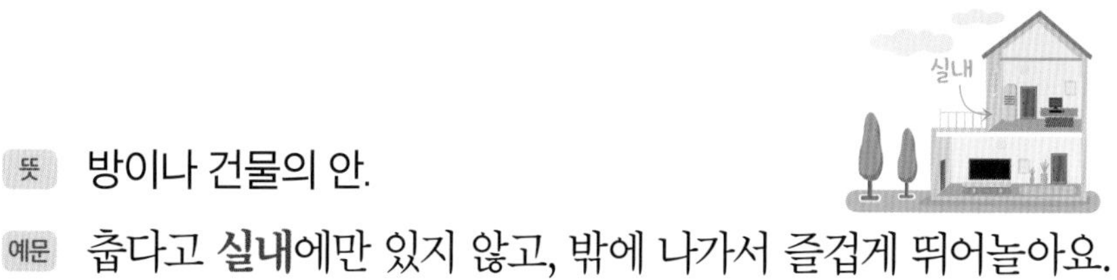

뜻 방이나 건물의 안.

예문 춥다고 **실내**에만 있지 않고, 밖에 나가서 즐겁게 뛰어놀아요.

外 바깥 외

뜻 (1) 안과 밖. (2) 약간 덜하거나 넘음.

예문 경기장 **내외**는 관중들로 가득 찼습니다.

容 얼굴 용

뜻 안에 들어 있는 것.

예문 자신이 잘하는 것 가운데에서 소개할 **내용**을 정해 봅시다.

1 다음 밑줄 친 한자어의 음을 쓰세요.

날씨와 상관없이 <u>室內</u>에서 운동을 합니다.

2 다음 한자의 훈(뜻)과 음(소리)을 쓰세요.

內

3 다음 밑줄 친 한자어를 〈보기〉에서 찾아 그 번호를 쓰세요.

〈보기〉 ① 內外 ② 校內 ③ 室內

내가 좋아하는 책을 소개하는 글을 200자 <u>내외</u>로 썼습니다.

정답 쓰기

1

2

훈 __________

음 __________

3

[복습 한자] 校 학교 교

그림을 보고 틀린 내용을 찾아요

內 容

그림을 보고 틀린 내용을 말한 동물을 찾아봅시다.

한중일 한자

발음 듣기

內 내

內 네이

內 나이

오늘 배울 한자를 만나 봅시다.

男 **사내**를 뜻하고
남이라고 읽어요.

男 사내 남

男 사내 남

7급Ⅱ | 부수 田 | 총 7획

'사내'를 뜻합니다. '사내'는 힘이 센 남자를 말합니다.

※ 상대(반대)되는 한자: 男(사내 남) ↔ 女(계집 녀)

순서에 맞게 한자를 써 봅시다.

丨 冂 曰 田 田 甼 男

男	男	男	男
사내 남	사내 남	사내 남	사내 남
사내 남	사내 남	사내 남	사내 남
사내 남	사내 남	사내 남	사내 남

오늘 배운 한자가 쓰인 단어의 뜻을 알아보고, 예문을 읽어 봅시다.

수학 男자 (子 아들 자)

뜻 남성.

예문 **남자** 멀리뛰기 기록에 적힌 숫자를 비교해 봅시다.

가을 장男 (長 긴 장)

뜻 첫 번째로 태어난 아들.

예문 이웃집 형은 **장남**입니다.

가을 男매 (妹 누이 매)

뜻 오빠와 여동생.

예문 이사 온 우주네 **남매**는 떡을 들고 옆집으로 갔습니다.

급수 시험 유형 문제

정답 확인

1 다음 밑줄 친 한자어의 음을 쓰세요.

아버지는 2남 1녀 중 <u>長男</u>입니다.

2 다음 한자의 훈(뜻)과 음(소리)을 쓰세요.

男

3 다음 한자의 진하게 표시한 획은 몇 번째 쓰는지 <보기>에서 찾아 그 번호를 쓰세요.

男

<보기> ① 네 번째 ② 다섯 번째 ③ 여섯 번째 ④ 일곱 번째

정답 쓰기

1

2

훈

음

3

첫째 아들을 장남이라고 말해요

요즘에는 자식을 많이 낳지 않습니다. 옛날에는 한집에 자식이 많았기 때문에 남에게 자식을 말할 때 태어난 순서에 따라 부르기도 했습니다.

남자인 경우에는 태어난 순서에 따라 장남, 차남, 삼남이라 불렀고, 여자인 경우에는 '남(男)' 대신 여자를 뜻하는 '녀(女)'를 붙여 장녀, 차녀, 삼녀라 불렀습니다.

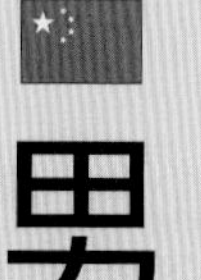

오늘 배울 한자를 만나 봅시다.

孝 **효도**를 뜻하고 **효**라고 읽어요.

孝 효도 **효**

자식〔子〕이 늙은〔耂〕 부모님을 업고 가는 모습을 나타낸 글자로, '효도'를 뜻합니다. '효도'는 부모님을 잘 모시는 것을 말합니다.

순서에 맞게 한자를 써 봅시다.

一 十 土 耂 耂 考 孝

孝 효도 효	孝 효도 효	孝 효도 효	孝 효도 효
효도 효	효도 효	효도 효	효도 효
효도 효	효도 효	효도 효	효도 효

오늘 배운 한자가 쓰인 단어의 뜻을 알아보고, 예문을 읽어 봅시다.

道 길 도

뜻 부모를 잘 모시는 것.

예문 **효도**를 해서 부모님을 기쁘게 해 드리고 싶습니다.

女 계집 녀

뜻 부모를 잘 모시는 딸.

예문 연꽃 속에는 **효녀** 심청이 서 있었습니다.

心 마음 심

뜻 부모에게 효도하려는 마음.

예문 바닷속 용왕은 심청이의 **효심**에 감동했습니다.

1 다음 밑줄 친 한자어의 음을 쓰세요.

그의 지극한 <u>孝心</u>에 마을 사람들이 감동했습니다.

2 다음 훈(뜻)과 음(소리)에 맞는 한자를 〈보기〉에서 찾아 그 번호를 쓰세요.

〈보기〉 ① 女 ② 長 ③ 孝

효도 효

3 다음 뜻에 맞는 한자어를 〈보기〉에서 찾아 그 번호를 쓰세요.

〈보기〉 ① 孝心 ② 孝女 ③ 孝道

부모를 잘 모시는 딸.

정답 쓰기

1

2

3

[복습 한자] 長 긴 장

부모님께 효도해요

'효(孝)'는 자식이 늙은 어버이를 업고 있는 모습입니다.
나이가 들어 약해지고 힘없는 부모님을 떠나지 않고
정성껏 보살펴 드리는 모습을 한자로 나타낸 것입니다.

부모님을 업고 다니는 게 '효'구나.
그럼 효도는 어른이 된 다음에
할 수 있는 거네요?

어른이 되어 나보다 힘이 약해지신 부모님을 지켜 드리는 것은 중요한 일입니다. 하지만 그것보다 더 중요한 것은 부모님이 살아 계신 지금 부모님의 마음을 이해하고, 부모님이 나를 걱정하시지 않게 해 드리는 것입니다.

오늘부터 언제 어디서나 항상 몸조심하고 나를 소중히 여기는 작은 효도부터 시작해 보는 것은 어떨까요? 기분 나쁜 일이 있더라도 부모님의 물음에는 짜증 내지 않고 웃는 얼굴로 공손하게 대답하는 것도 우리가 부모님께 지금 바로 실천할 수 있는 효도입니다.

孝 효

孝 씨아오

孝 코-

오늘 배울 한자를 만나 봅시다.

安

편안을 뜻하고
안이라고 읽어요.

安 편안 **안**

집〔宀〕 안에 여자〔女〕가 편안하게 앉아 있는 모습을 나타낸 글자로, '편안'을 뜻합니다.

순서에 맞게 한자를 써 봅시다.

丶 丶 宀 文 安 安

安	安	安	安
편안 안	편안 안	편안 안	편안 안
편안 안	편안 안	편안 안	편안 안
편안 안	편안 안	편안 안	편안 안

오늘 배운 한자가 쓰인 단어의 뜻을 알아보고, 예문을 읽어 봅시다.

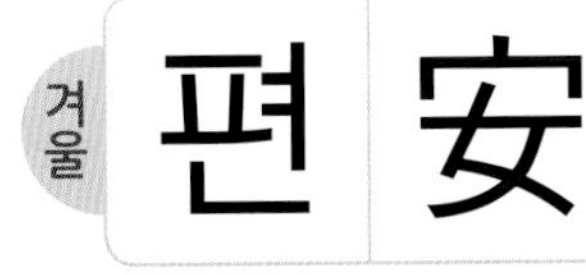

便 편할 편

뜻 편하고 좋음.

예문 한복은 예쁘기도 하고 입었을 때도 **편안**한 옷입니다.

未 아닐 미

뜻 마음이 편하지 못하고 부끄러움.

예문 비를 맞고 가는 옆집 누나를 모른 척해서 **미안**했습니다.

全 온전 전

뜻 위험이 생기거나 사고가 날 걱정이 없음.

예문 자동차를 타면 꼭 **안전**띠를 매야 합니다.

1 다음 밑줄 친 한자어의 음을 쓰세요.

자전거를 탈 때는 <u>安全</u>에 유의해야 합니다.

2 다음 한자의 훈(뜻)과 음(소리)을 쓰세요.

安

3 다음 뜻에 맞는 한자어를 〈보기〉에서 찾아 그 번호를 쓰세요.

〈보기〉	① 未安	② 安全	③ 便安

편하고 좋음.

정답 쓰기

1

2

훈

음

3

그림 속에 숨은 '安'을 찾아요

안

그림 속에 숨은 한자 '安'을 찾아 ○표 해 봅시다.

한중일 한자

발음 듣기

安 안

安 안

安 안

오늘 배울 한자를 만나 봅시다.

家 **집**을 뜻하고
가라고 읽어요.

家 집 가

옛날 중국에서 집집(宀)마다 돼지(豕)를 기르던 풍습을 나타낸 글자로, '집'을 뜻합니다.

순서에 맞게 한자를 써 봅시다.

丶 ⺀ 宀 宀 宀 宇 宇 家 家 家

家	家	家	家
집 가	집 가	집 가	집 가
집 가	집 가	집 가	집 가
집 가	집 가	집 가	집 가

오늘 배운 한자가 쓰인 단어의 뜻을 알아보고, 예문을 읽어 봅시다.

族 겨레 족

뜻 결혼이나 핏줄로 맺어진 사람들.

예문 우리 **가족**을 위해 내가 할 수 있는 일을 떠올려 봅시다.

門 문 문

뜻 가족이나 같은 핏줄로 이루어진 한집안.

예문 엄마와 함께 조선 시대 훌륭한 **가문**을 소개하는 책을 읽었습니다.

事 일 사

뜻 집에서 하는 여러 가지 일.

예문 로봇 청소기는 어렵고 힘든 **가사**를 도와주는 물건입니다.

1 다음 밑줄 친 한자어의 음을 쓰세요.

할아버지는 家門의 영광이라며 기뻐했습니다.

3 다음 훈(뜻)과 음(소리)에 맞는 한자를 〈보기〉에서 찾아 그 번호를 쓰세요.

〈보기〉 ① 安 ② 家 ③ 室

집 가

2 다음 밑줄 친 한자어를 〈보기〉에서 찾아 그 번호를 쓰세요.

〈보기〉 ① 家門 ② 家事 ③ 家族

아버지는 가족을 위해 열심히 일했습니다.

정답 쓰기

1

2

3

[복습 한자] 安 편안 안
室 집 실

교과서通 한자王

가족의 모습이 조금씩 달라요

 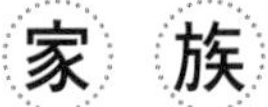

家 族

가족은 남편과 아내, 부모와 자식, 형제자매처럼 결혼이나 핏줄로 맺어진 관계를 말합니다. 옛날에는 자식이 결혼해도 따로 살지 않고 부모님과 함께 사는 집이 많았지만, 요즘에는 부부와 자녀로만 이루어진 가족이 많습니다.

핵가족

부부와 자녀로 이루어진 가족.

확대 가족

자녀가 결혼한 후에도
부모와 함께 사는 가족.

한부모 가족

엄마나 아빠 혼자 아이를 기르는 가족.

부모가 없는 자녀를
입양해 기르는
입양 가족도 있어요.

서로 다른 나라의 문화를 가진
사람들이 함께 사는
다문화 가족도 있어요.

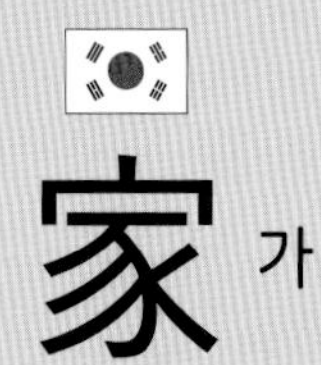

家 가

家 찌아

家 카

오늘 배울 한자를 만나 봅시다.

道

道 **길**을 뜻하고 **도**라고 읽어요.

道 길 도

사람이 걸어 다니는 '길'을 뜻합니다. 사람은 길로 걸어가는 것이 마땅하기 때문에 '道'는 사람이 마땅히 지켜야 할 '도리'라는 뜻으로도 쓰입니다.

순서에 맞게 한자를 써 봅시다.

道	道	道	道
길 도	길 도	길 도	길 도
길 도	길 도	길 도	길 도
길 도	길 도	길 도	길 도

오늘 배운 한자가 쓰인 단어의 뜻을 알아보고, 예문을 읽어 봅시다.

안전 道로 (路 길 로)

뜻 사람이나 차가 다니는 길.

예문 자전거를 탈 때는 자전거 전용 **도로**를 이용합니다.

안전 인道 (人 사람 인)

뜻 사람이 다니는 길.

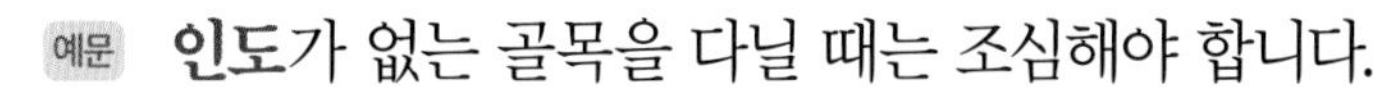

예문 **인도**가 없는 골목을 다닐 때는 조심해야 합니다.

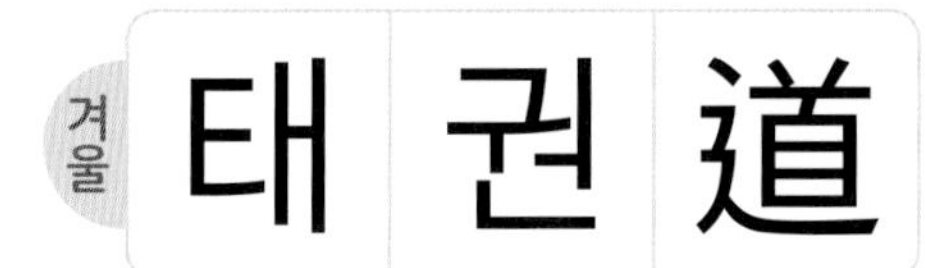

겨울 태권道 (跆 밟을 태 拳 주먹 권)

뜻 우리나라 고유의 전통 무술.

예문 **태권도**는 누구나 쉽게 배울 수 있는 운동입니다.

급수 시험 유형 문제

정답 확인

1 다음 밑줄 친 한자어의 음을 쓰세요.

자동차를 <u>人道</u>에 주차하면 안 됩니다.

2 다음 한자의 훈(뜻)과 음(소리)을 쓰세요.

道

3 다음 뜻에 맞는 한자어를 〈보기〉에서 찾아 그 번호를 쓰세요.

〈보기〉 ① 人道 ② 水道 ③ 道路

사람이나 차가 다니는 길.

정답 쓰기

1

2

훈 ________

음 ________

3

[복습 한자] 水 물 수

우리나라 전통 무술, 태권도

태권도는 우리 민족 고유의 전통 무술입니다. '무술'이란 손이나 발, 무기를 사용해 자신을 보호하거나 상대방을 공격하는 기술을 말합니다.

태권도는 빠르고 강한 기술을 가지고 있을 뿐만 아니라 상대방에 대한 예의를 중요하게 생각하는 운동입니다. 태권도는 몸과 마음을 동시에 단련할 수 있는 운동이어서 외국인들에게도 인기가 많습니다.

태권도의 품새를 배워 봅시다.

품새란,
태권도 겨루기 기술을
익힐 수 있도록

동작을
형식에 맞추어
놓은 것이에요.

준비 동작 '주춤 서기'
양쪽 무릎을 굽혀 섭니다.

손 기술 '지르기'
주먹을 일직선으로 뻗습니다.

발 기술 '앞차기'
발을 직선으로 뻗어 찹니다.

어제의 한자

道

훈 ______ 음 ______

오늘 배울 한자를 만나 봅시다.

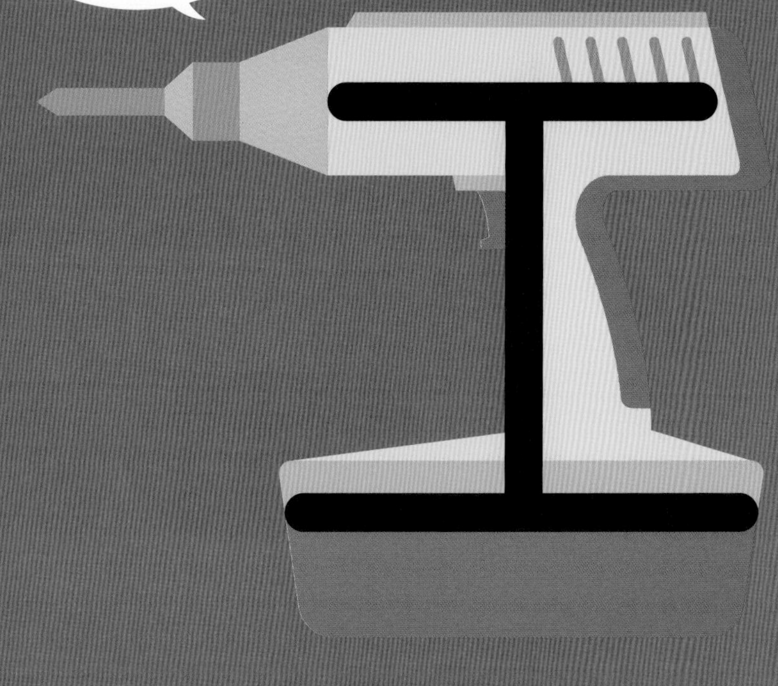

工 **장인**을 뜻하고
공이라고 읽어요.

工 장인 **공**

물건을 만들거나 고치는 도구 모양을 따라 만든 글자로, '장인'을 뜻합니다. '장인'은 손재주가 뛰어나 손으로 물건을 만드는 일을 하는 사람입니다.

순서에 맞게 한자를 써 봅시다.

一 丅 工

工	工	工	工
장인 공	장인 공	장인 공	장인 공
장인 공	장인 공	장인 공	장인 공
장인 공	장인 공	장인 공	장인 공

오늘 배운 한자가 쓰인 단어의 뜻을 알아보고, 예문을 읽어 봅시다.

事 일 사

뜻 길을 만들고 건물을 짓거나 고치는 일.

예문 **공사**장 주변은 위험하니까 가까이 가지 않습니다.

場 마당 장

뜻 기계를 이용해 물건을 만드는 곳.

예문 **공장**에서 더러운 물을 내보내면 환경이 오염됩니다.

人 사람 인

뜻 사람이 만든 것.

예문 우리나라 최초의 **인공**위성은 우리별 1호입니다.

1 다음 밑줄 친 한자어의 음을 쓰세요.

밖에서 건물 수리 <u>工事</u>를 하고 있습니다.

2 다음 한자의 훈(뜻)과 음(소리)을 쓰세요.

工

3 다음 밑줄 친 한자어를 <보기>에서 찾아 그 번호를 쓰세요.

<보기> ① 人工 ② 木工 ③ 工場

아버지는 <u>공장</u>에서 자동차 부품을 만듭니다.

정답 쓰기

1

2

훈

음

3

[복습 한자] 木 나무 목

'工'이 들어간 단어를 연결해요

공

그림에 알맞은 단어를 찾아 선으로 연결해 봅시다.

①

②

③

④

ㄱ 工사
길을 만들고
건물을 고치는 일.

ㄴ 工장
기계를 이용해
물건을 만드는 곳.

ㄷ 목工
나무로 물건을
만드는 일.

ㄹ 工부
지식이나 기술을
배우고 익힘.

工 공　工 꽁　工 코-

오늘 배울 한자를 만나 봅시다.

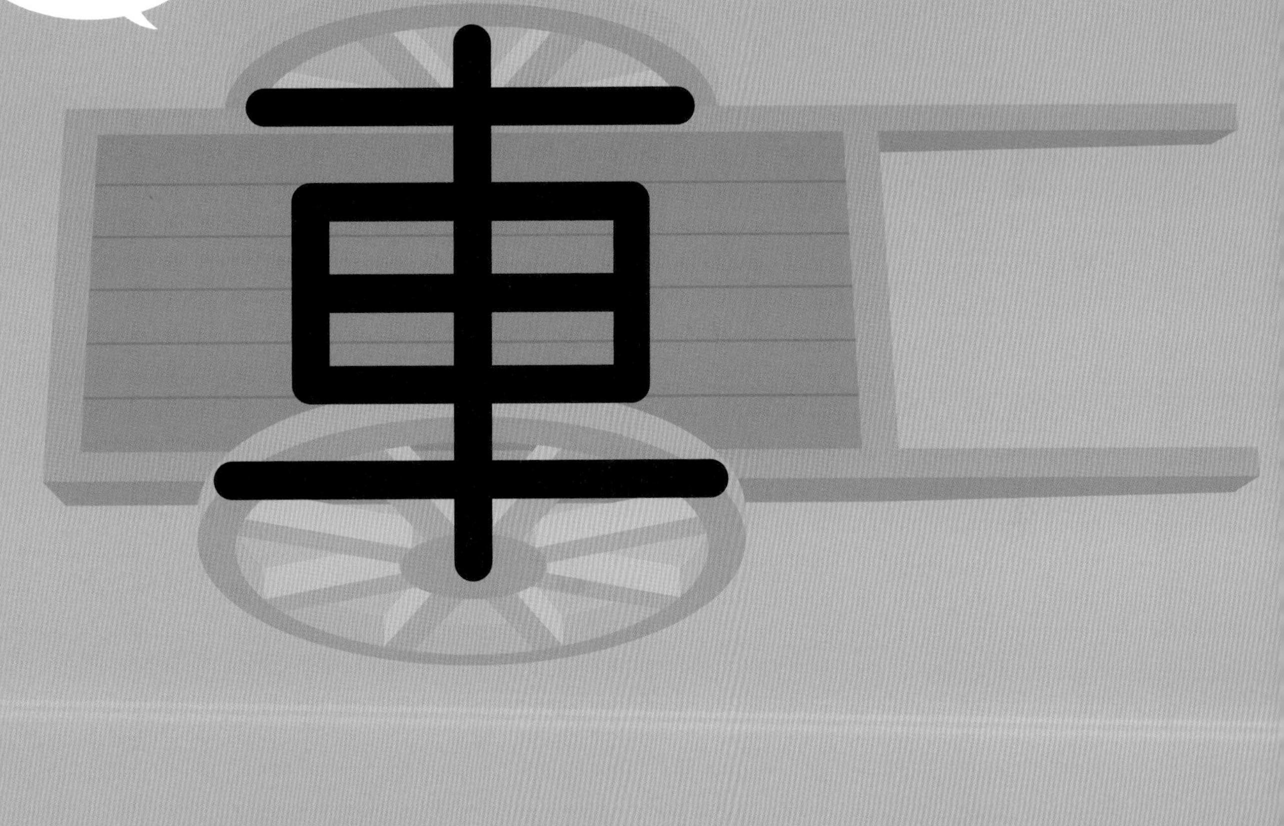

車 **수레**를 뜻하고
거라고 읽어요.

車 수레 거

수레를 위에서 내려다본 모양을 따라 만든 글자로, '수레'를 뜻합니다. '수레'는 바퀴로 굴러가는 '차'를 가리키는 말입니다.

순서에 맞게 한자를 써 봅시다.

一 丆 冂 日 亘 亘 車

車	車	車	車
수레 거/차	수레 거/차	수레 거/차	수레 거/차
수레 거/차	수레 거/차	수레 거/차	수레 거/차
수레 거/차	수레 거/차	수레 거/차	수레 거/차

오늘 배운 한자가 쓰인 단어의 뜻을 알아보고, 예문을 읽어 봅시다.

수레 차 道 길 도

뜻 찻길. 차가 다니는 길.

예문 **차도**와 가까운 곳에서 공놀이를 하는 것은 위험합니다.

수레 차 票 표 표

뜻 차를 타려고 산 표.

예문 추석에 할아버지 댁에 가기 위해 **차표**를 샀습니다.

自 스스로 자 轉 구를 전 수레 거

뜻 두 발로 바퀴를 돌려서 가게 하는 탈것.

예문 **자전거**를 탄 사람이 쌩하고 지나갔습니다.

1 다음 밑줄 친 한자어의 음을 쓰세요.

車道를 건널 때는 손을 높이 듭니다.

2 다음 훈(뜻)과 음(소리)에 맞는 한자를 <보기>에서 찾아 그 번호를 쓰세요.

<보기> ① 車 ② 東 ③ 軍

수레 거

3 다음 한자의 진하게 표시한 획은 몇 번째 쓰는지 <보기>에서 찾아 그 번호를 쓰세요.

車

<보기> ① 네 번째 ② 다섯 번째 ③ 여섯 번째 ④ 일곱 번째

정답 쓰기

1

2

3

[복습 한자] 東 동녘 동
軍 군사 군

여러 가지 탈것 '수레'

한중일 한자

발음 듣기

🇰🇷	🇨🇳	🇯🇵
車 거	车 처	車 샤

오늘 배울 한자를 만나 봅시다.

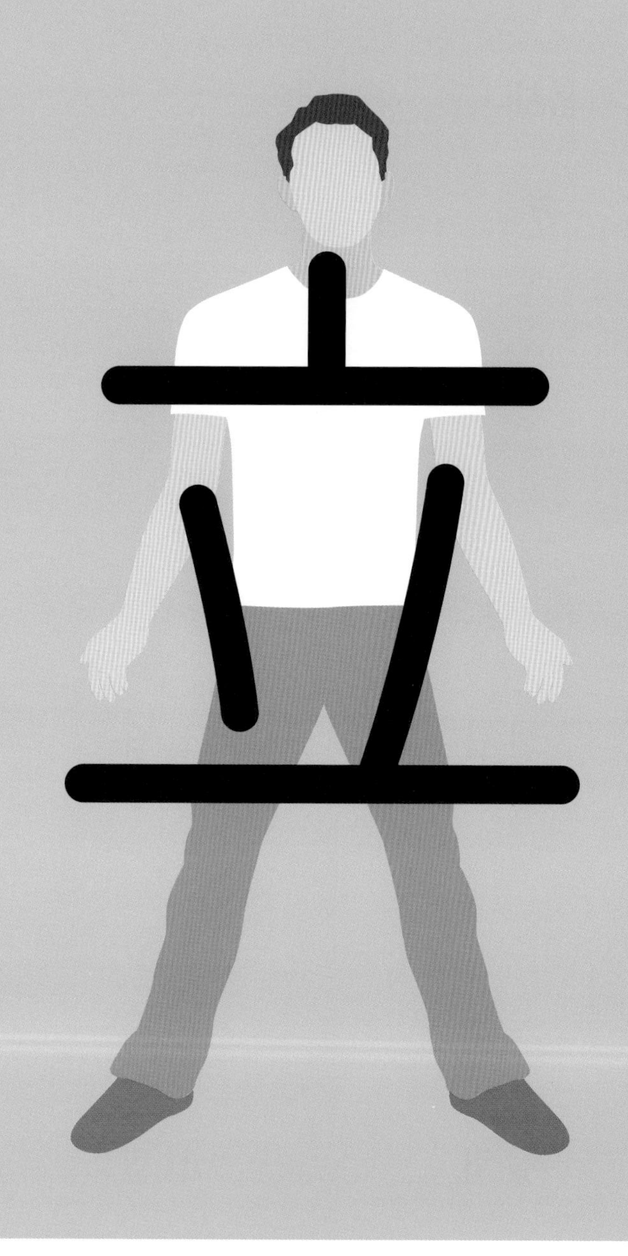

立 **서다**를 뜻하고
립이라고 읽어요.

立 설 립

설 **립**

7급Ⅱ	부수 立	총 5획

사람이 몸을 곧게 펴고 서 있는 모습을 따라 만든 글자로, '서다'를 뜻합니다.

※ '立(립)'이 단어의 첫머리에 올 때는 '입'으로 읽습니다.

순서에 맞게 한자를 써 봅시다.

丶 亠 亣 立 立

立	立	立	立
설 립	설 립	설 립	설 립
설 립	설 립	설 립	설 립
설 립	설 립	설 립	설 립

오늘 배운 한자가 쓰인 단어의 뜻을 알아보고, 예문을 읽어 봅시다.

自 스스로 자

뜻 스스로 섬.

예문 미래는 혼자 하는 습관을 기르며 **자립**심을 키웠습니다.

獨 홀로 독

뜻 남의 지배를 받지 않는 것. 또는 남에게 기대지 않고 홀로 섬.

예문 안중근 의사는 우리나라 **독립**을 위해 힘썼습니다.

國 나라 국

뜻 나라에서 세우고 관리함.

예문 우리 모둠은 **국립** 중앙 박물관을 소개했습니다.

1 다음 밑줄 친 한자어의 음을 쓰세요.

지리산은 우리나라 <u>國立</u> 공원입니다.

2 다음 한자의 훈(뜻)과 음(소리)을 쓰세요.

立

3 다음 뜻에 맞는 한자어를 〈보기〉에서 찾아 그 번호를 쓰세요.

〈보기〉 ① 中立 ② 自立 ③ 國立

스스로 섬.

정답 쓰기

1

2

훈

음

3

[복습 한자] 中 가운데 중

국립 중앙 박물관에 가요

한중일 한자

발음 듣기

立 립

立 리

立 리츠

平 **평평하다**를 뜻하고

평이라고 읽어요.

平 평평할 **평**

순서에 맞게 한자를 써 봅시다.

一 丆 亠 亼 平

平	平	平	平
평평할 평	평평할 평	평평할 평	평평할 평
평평할 평	평평할 평	평평할 평	평평할 평
평평할 평	평평할 평	평평할 평	평평할 평

오늘 배운 한자가 쓰인 단어의 뜻을 알아보고, 예문을 읽어 봅시다.

公 공평할 공

뜻 한쪽으로 치우치지 않고 같음.

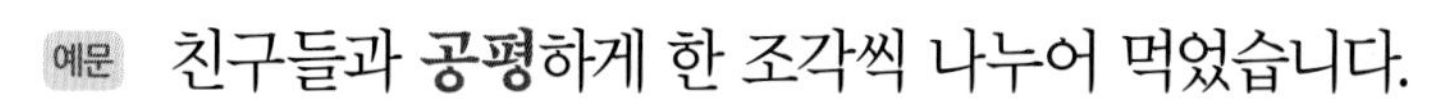

예문 친구들과 **공평**하게 한 조각씩 나누어 먹었습니다.

국어 平 화

和 화할 화

뜻 전쟁이나 다툼 없이 조용하고 평안함.

예문 기린과 원숭이가 화해하자 초원에는 **평화**가 찾아왔습니다.

日 날 일

뜻 토요일이나 일요일, 공휴일이 아닌 보통 날.

예문 **평일**에는 아침 일찍 일어나 학교에 갑니다.

1 다음 밑줄 친 한자어의 음을 쓰세요.

<u>平日</u>에는 밤 10시에 문을 닫습니다.

2 다음 한자의 훈(뜻)과 음(소리)을 쓰세요.

平

3 다음 밑줄 친 한자어를 〈보기〉에서 찾아 그 번호를 쓰세요.

〈보기〉 ① 公平 ② 平日 ③ 平安

동생과 <u>공평</u>하게 나누어 가졌습니다.

정답 쓰기

1

2

훈 ______

음 ______

3

[복습 한자] 安 편안 안

교과서 通 한자王

동양의 평화를 지킨 안중근 의사

안중근 의사는 1909년 이토 히로부미가 열차를 타고 만주에 온다는 소식을 들었습니다. 안중근 의사는 우리나라의 독립과 평화를 위해 이토를 죽이기로 결심했습니다. 하얼빈역에 도착한 이토가 열차에서 내리자 안중근 의사는 앞으로 뛰어나가며 이토의 가슴에 총을 쏘아 명중시켰습니다. 쓰러진 이토는 열차 안으로 옮겨져 응급 치료를 받았으나 결국 죽었습니다.

이토를 쏜 안중근 의사는 도망가지 않았습니다. 러시아군에게 체포되는 순간에도 "대한민국 만세!"를 외쳤습니다. 일본 경찰에 넘겨진 안중근 의사는 중국에 있는 일본 감옥에 갇혀서 재판을 받고 사형을 선고 받았습니다. 안중근 의사는 감옥에서 동양의 평화를 위한 책을 쓰다가 1910년 3월에 순국*하였습니다.

* 순국: 나라를 위해 목숨을 바침.

平 평

平 핑

平 헤-

오늘 배울 한자를 만나 봅시다.

不 **아니다**를 뜻하고 **불**이라고 읽어요.

不 아닐 불

'아니다'를 뜻합니다. '不'은 다른 단어의 앞에 쓰여 그렇지 않다고 부정하거나 반대하는 뜻을 나타냅니다.

순서에 맞게 한자를 써 봅시다.

一 丆 不 不

不	不	不	不
아닐 불	아닐 불	아닐 불	아닐 불
아닐 불	아닐 불	아닐 불	아닐 불
아닐 불	아닐 불	아닐 불	아닐 불

오늘 배운 한자가 쓰인 단어의 뜻을 알아보고, 예문을 읽어 봅시다.

便 편할 편

뜻 몸이나 마음이 편하지 않음.

예문 몸이 **불편**한 사람을 도와주었습니다.

平 평평할 평

뜻 마음에 들지 않아 못마땅하게 여김.

예문 미운 오리 새끼는 미움을 받았지만 **불평**하지 않았습니다.

孝 효도 효

뜻 자식이 부모를 잘 모시지 못함.

예문 그는 지난날의 **불효**를 반성하고 뉘우쳤습니다.

1 다음 밑줄 친 한자어의 음을 쓰세요.

기다리는 시간이 길어지자 사람들은 <u>不平</u>을 했습니다.

2 다음 훈(뜻)과 음(소리)에 맞는 한자를 〈보기〉에서 찾아 그 번호를 쓰세요.

〈보기〉 ① 下 ② 不 ③ 木

아닐 불

3 다음 뜻에 맞는 한자어를 〈보기〉에서 찾아 그 번호를 쓰세요.

〈보기〉 ① 不平 ② 不孝 ③ 不便

자식이 부모를 잘 모시지 못함.

정답 쓰기

1

2

3

[복습 한자] 下 아래 하
木 나무 목

교과서 通 한자王

읽을 때 조심해야 하는 '不'

'不(불)'은 '아니다'를 뜻합니다. 어떤 단어 앞에 '不(불)'을 붙이면 단어의 뜻이 그것을 부정하거나 반대하는 내용으로 바뀝니다.

'不(불)'은 첫소리가 'ㄷ(디귿)'이나 'ㅈ(지읒)'으로 시작하는 말 앞에서는 '부'라고 읽습니다.

① '불'로 읽는 경우

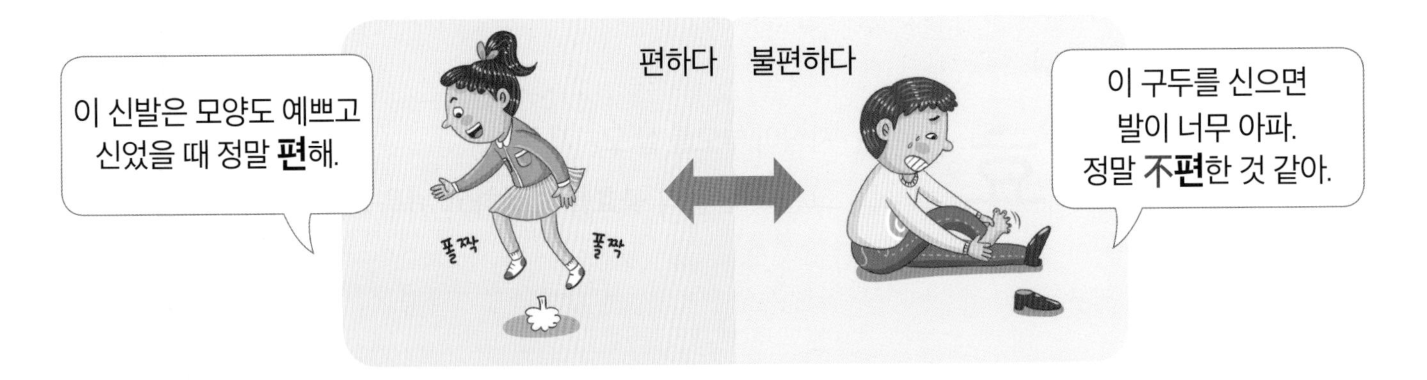

② '부'로 읽는 경우

不 불

不 뿌

不 후

어제의 한자

不

훈 음

오늘 배울 한자를 만나 봅시다.

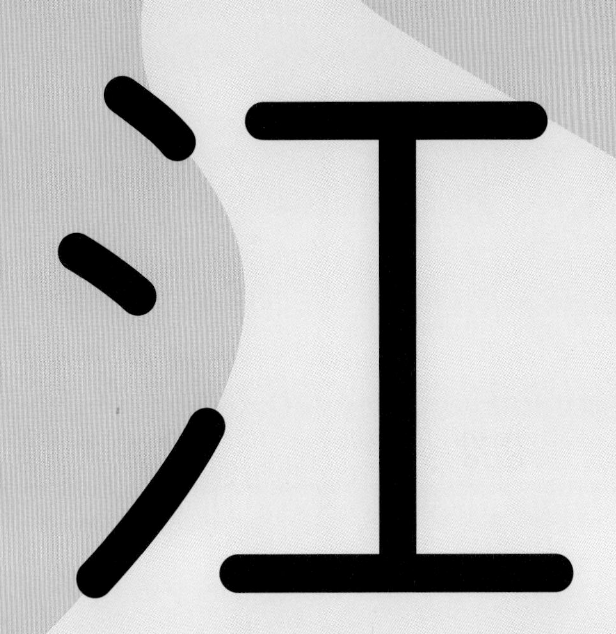

江 **강**을 뜻하고 **강**이라고 읽어요.

江 강 강

넓고 길게 흐르는 큰 물줄기인 '강'을 뜻합니다. '水(물 수)'가 한자의 부수로 쓰이면 '氵' 모양으로 바뀝니다.

순서에 맞게 한자를 써 봅시다.

丶 冫 氵 氵 汀 江

강 강	강 강	강 강	강 강
강 강	강 강	강 강	강 강
강 강	강 강	강 강	강 강

오늘 배운 한자가 쓰인 단어의 뜻을 알아보고, 예문을 읽어 봅시다.

山 메 산

뜻 '강과 산'이라는 뜻으로, 자연의 경치.

예문 우리의 아름다운 **강산**을 보호해야 합니다.

村 마을 촌

뜻 강가에 있는 마을.

예문 우리 할아버지는 조용한 **강촌**에 살고 있습니다.

邊 가 변

뜻 강가.

예문 보호 장구를 하고 **강변**에서 자전거를 탑니다.

1 다음 밑줄 친 한자어의 음을 쓰세요.

후손들에게 아름다운 江山을 물려주어야 합니다.

2 다음 한자의 훈(뜻)과 음(소리)을 쓰세요.

江

3 다음 밑줄 친 한자어를 〈보기〉에서 찾아 그 번호를 쓰세요.

〈보기〉 ① 江山 ② 江村 ③ 江南

어머니는 노을이 지는 강촌의 풍경을 좋아합니다.

정답 쓰기

1

2

훈 ______

음 ______

3

[복습 한자] 南 남녘 남

세계에서 제일 긴 강을 찾아요

한중일 한자

발음 듣기

江 강

江 찌앙

江 코-

오늘 배울 한자를 만나 봅시다.

海 **바다**를 뜻하고
해라고 읽어요.

海 바다 **해**

海 바다 해

7급Ⅱ | 부수 氵 | 총 10획

시내와 강이 흘러 모인 '바다'를 뜻합니다.

순서에 맞게 한자를 써 봅시다.

丶 冫 氵 氵 氵 汇 海 海 海 海

바다 해	바다 해	바다 해	바다 해
바다 해	바다 해	바다 해	바다 해
바다 해	바다 해	바다 해	바다 해

오늘 배운 한자가 쓰인 단어의 뜻을 알아보고, 예문을 읽어 봅시다.

外 바깥 외

뜻 바다 밖의 다른 나라.

예문 작년 추석에는 비행기를 타고 **해외**여행을 다녀왔습니다.

物 물건 물

뜻 바다에서 나는 먹을거리.

예문 아버지가 **해물**로 맛있는 요리를 만들어 주셨습니다.

賊 도둑 적

뜻 바다에서 배를 타고 다니며 남의 물건을 빼앗는 도둑.

예문 저는 우주 이야기책과 **해적**이 나오는 책을 좋아합니다.

1 다음 밑줄 친 한자어의 음을 쓰세요.

삼촌은 방학 동안 <u>海外</u> 봉사 활동을 했습니다.

2 다음 훈(뜻)과 음(소리)에 맞는 한자를 〈보기〉에서 찾아 그 번호를 쓰세요.

〈보기〉 ① 外 ② 江 ③ 海

바다 해

3 다음 뜻에 맞는 한자어를 〈보기〉에서 찾아 그 번호를 쓰세요.

〈보기〉 ① 海外 ② 海物 ③ 東海

바다에서 나는 먹을거리.

정답 쓰기

1

2

3

[복습 한자] 江 강 강
東 동녘 동

맛있는 해물 라면을 끓여요

라면에 넣어 먹을 수 있는 해물을 찾아 ☐ 안에 '바다 해'를 한자로 써 봅시다.

한중일 한자

발음 듣기

海 해

海 하이

海 카이

오늘 배울 한자를 만나 봅시다.

姓 **성씨**를 뜻하고
성이라고 읽어요.

姓 성 **성**

姓 성 성

7급Ⅱ | 부수 女 | 총 8획

여자〔女〕에게서 태어났다〔生〕는 뜻을 나타낸 글자로, 사람의 '성'을 뜻합니다.

순서에 맞게 한자를 써 봅시다.

姓	姓	姓	姓
성 성	성 성	성 성	성 성
성 성	성 성	성 성	성 성
성 성	성 성	성 성	성 성

오늘 배운 한자가 쓰인 단어의 뜻을 알아보고, 예문을 읽어 봅시다.

名 이름 명

뜻 성과 이름.

예문 **성명**이 적힌 카드는 모두 3장입니다.

氏 성씨 씨

뜻 사람의 '성'을 높여 부르는 말.
'성(姓)'은 같은 핏줄을 나타내기 위해 붙인 이름입니다.

예문 우리 반에서 가장 많은 **성씨**는 김씨입니다.

百 일백 백

뜻 국민을 예스럽게 이르는 말.

예문 마음씨 착한 임금님은 **백성**을 아끼고 사랑했습니다.

1 다음 밑줄 친 한자어의 음을 쓰세요.

답안지에 <u>姓名</u>과 번호를 쓰세요.

2 다음 한자의 훈(뜻)과 음(소리)을 쓰세요.

姓

3 다음 한자의 진하게 표시한 획은 몇 번째 쓰는지 <보기>에서 찾아 그 번호를 쓰세요.

姓

<보기>	① 다섯 번째	② 여섯 번째
	③ 일곱 번째	④ 여덟 번째

정답 쓰기

1

2

훈

음

3

우리나라 사람들의 성씨

姓 氏

'성(姓)'은 같은 핏줄을 나타내기 위해 붙인 이름입니다. 오늘날 우리나라에서 사용되고 있는 성씨는 5천 5백여 개나 된다고 합니다. 우리나라 사람들이 가장 많이 쓰는 성은 '김씨', '이씨', '박씨', '최씨', '정씨' 순서입니다.

성은 보통 한 글자라고 오해하기 쉽습니다. 하지만 '남궁, 황보, 제갈, 선우'처럼 두 글자로 이루어진 성을 가진 사람도 많습니다.

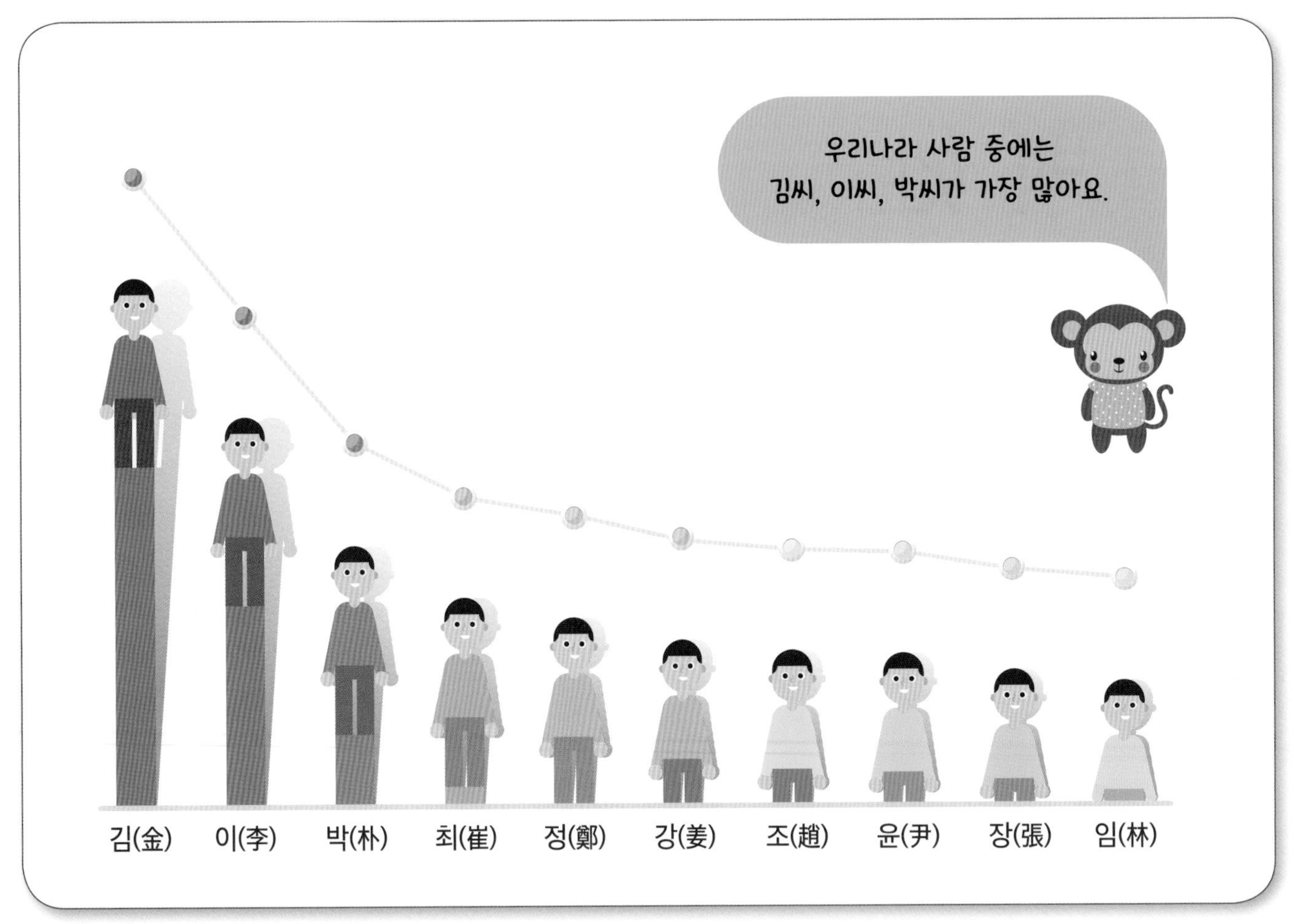

姓 성

姓 씽

姓 세-

오늘 배울 한자를 만나 봅시다.

名 **이름**을 뜻하고
명이라고 읽어요.

名 이름 **명**

얼굴이 보이지 않는 어두운 저녁(夕)에는 이름을 불러(口) 서로 누구인지 확인한다는 뜻을 나타낸 글자로, 사람마다 다른 '이름'을 뜻합니다.

순서에 맞게 한자를 써 봅시다.

丿 ク 夕 夕 名 名

名	名	名	名
이름 명	이름 명	이름 명	이름 명
이름 명	이름 명	이름 명	이름 명
이름 명	이름 명	이름 명	이름 명

오늘 배운 한자가 쓰인 단어의 뜻을 알아보고, 예문을 읽어 봅시다.

別 다를 별

뜻 남들이 지어 부르는 다른 이름.

예문 내가 듣기 싫어하는 **별명**을 부르지 않았으면 좋겠습니다.

山 메 산

뜻 이름난 산.

예문 한라산은 제주도에 있는 우리나라의 **명산**입니다.

節 마디 절

뜻 설이나 추석처럼 해마다 일정하게 지키어 즐기거나 기념하는 때.

예문 추석은 온 가족이 모이는 **명절**입니다.

1 다음 밑줄 친 한자어의 음을 쓰세요.

금강산은 우리나라의 <u>名山</u>입니다.

3 다음 훈(뜻)과 음(소리)에 맞는 한자를 〈보기〉에서 찾아 그 번호를 쓰세요.

〈보기〉 ① 月 ② 名 ③ 姓

이름 명

2 다음 밑줄 친 한자어를 〈보기〉에서 찾아 그 번호를 쓰세요.

〈보기〉 ① 名山 ② 別名 ③ 姓名

내 동생의 <u>별명</u>은 왕자님입니다.

정답 쓰기

1

2

3

[복습 한자] 月 달 월
姓 성 성

우리나라 명절, 단오의 풍경

우리나라 최대 명절은 설(음력 1월 1일)과 추석(음력 8월 15일)입니다. 예전에는 설과 추석뿐만 아니라 음력 5월 5일의 단오도 큰 명절로 여겼습니다.

단오는 더운 여름을 맞기 전 모내기를 끝내고 풍년을 기원하는 축제였습니다. 단옷날에는 수리취를 넣어 둥글게 만든 단오떡을 해 먹었습니다. 여자는 창포물에 머리를 감고 그네를 뛰었고, 남자는 씨름을 했습니다.

신윤복의 〈단오 풍정〉
단옷날 여인들이 그네를 타고, 시냇물에 머리를 감으며 몸을 씻는 장면을 그렸습니다.

김홍도의 〈씨름〉
씨름 선수들과 구경하는 사람들의 표정을 재미있게 표현했습니다.

名 명 名 밍 名 메-

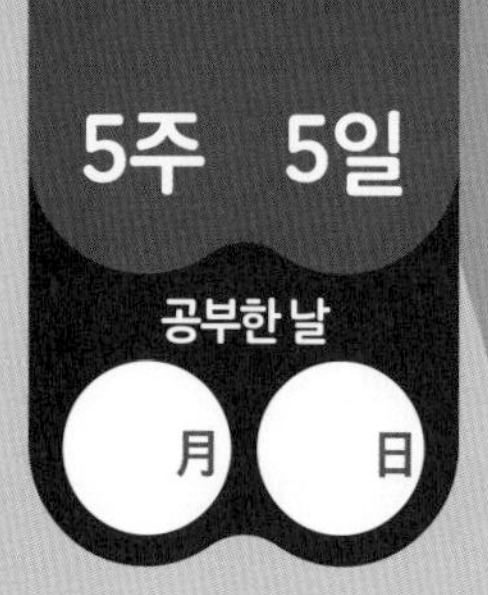

오늘 배울 한자를 만나 봅시다.

動

움직이다를 뜻하고
동이라고 읽어요.

動 움직일 동

動 움직일 동

7급Ⅱ | 부수 力 | 총 11획

무거운 물건〔重〕을 힘〔力〕을 써서 옮기는 모습을 나타낸 글자로, '움직이다'를 뜻합니다.

순서에 맞게 한자를 써 봅시다.

丿 二 千 𠆢 台 㠯 亘 車 重 動 動

動	動	動	動
움직일 동	움직일 동	움직일 동	움직일 동
움직일 동	움직일 동	움직일 동	움직일 동
움직일 동	움직일 동	움직일 동	움직일 동

오늘 배운 한자가 쓰인 단어의 뜻을 알아보고, 예문을 읽어 봅시다.

국어 **動작** (作 지을 작)

뜻 몸이나 손발을 움직임.

예문 동물의 특징을 몸**동작**으로 나타내 봅시다.

국어 **動물** (物 물건 물)

뜻 짐승이나 물고기처럼 살아서 움직이는 것.

예문 슬기는 **동물** 흉내를 잘 냅니다.

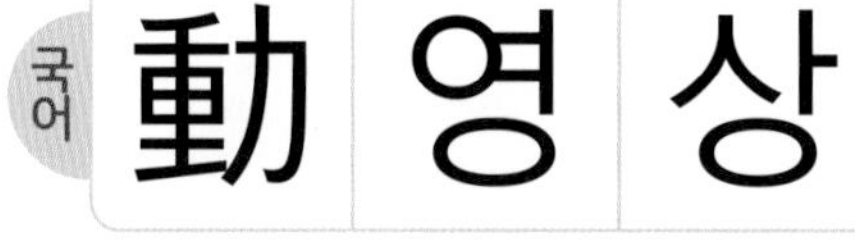

국어 **動영상** (映 비칠 영, 像 모양 상)

뜻 움직이는 모습을 찍어 보여 주는 것.

예문 연주 중에는 사진이나 **동영상**을 찍지 않습니다.

1 다음 밑줄 친 한자어의 음을 쓰세요.

초원에는 다양한 야생 <u>動物</u>이 살고 있습니다.

2 다음 한자의 훈(뜻)과 음(소리)을 쓰세요.

動

3 다음 밑줄 친 한자어를 〈보기〉에서 찾아 그 번호를 쓰세요.

〈보기〉 ① 動作 ② 動物 ③ 自動

텔레비전을 보며 체조 <u>동작</u>을 연습했습니다.

정답 쓰기

1

2

훈 ______

음 ______

3

[복습 한자] 自 스스로 자

사막에 사는 동물, 낙타

動 物

모래가 끝없이 펼쳐진 사막은 비가 내리지 않고 물을 구할 수 없어서 사람이 살기 힘든 곳입니다. 사막에서는 식물도 찾아보기 힘든데, 이곳에서 사는 동물이 있습니다. 바로 낙타입니다. 낙타는 특이한 신체 구조를 가지고 있어 뜨겁고 건조한 사막의 날씨에서도 잘 살 수 있습니다.

콧구멍은 마음대로 여닫을 수 있어서 바람이 불 때 모래가 코로 들어가는 것을 막아 줍니다.

긴 눈썹은 뜨거운 햇빛과 모래 먼지로부터 눈을 보호해 줍니다.

등에 난 혹에 지방을 저장해 두고 물과 먹이가 부족할 때 이용합니다.

두꺼운 입술 덕분에 선인장처럼 가시가 있는 식물도 먹을 수 있습니다.

긴 다리는 뜨거운 사막의 열기를 피할 수 있게 해 줍니다.

넓적한 발바닥은 발이 모래 속으로 빠지는 것을 막아 줍니다.

🇰🇷	🇨🇳	🇯🇵
動 동	动 똥	動 도-

오늘 배울 한자를 만나 봅시다.

前 **앞**을 뜻하고
전이라고 읽어요.

前 앞 전

'앞'을 뜻합니다. '앞'은 눈앞에 있는 쪽을 가리키거나 시간이나 순서가 앞서는 것을 말합니다.

순서에 맞게 한자를 써 봅시다.

丶 丷 䒑 䒒 肖 肖 前 前 前

前	前	前	前
앞 전	앞 전	앞 전	앞 전
앞 전	앞 전	앞 전	앞 전
앞 전	앞 전	앞 전	앞 전

오늘 배운 한자가 쓰인 단어의 뜻을 알아보고, 예문을 읽어 봅시다.

進 나아갈 진

뜻 앞으로 나아감.

예문 칙칙폭폭 큰 소리를 내며 장난감 기차가 **전진**했습니다.

直 곧을 직

뜻 바로 전.

예문 결승선에 도착하기 **직전**에 넘어졌습니다.

午 낮 오

뜻 해가 뜰 때부터 낮 열두 시까지의 시간.

예문 **오전**에는 햇볕이 쨍쨍 내리쬐었습니다.

1 다음 밑줄 친 한자어의 음을 쓰세요.

군인들은 언덕을 넘어 힘차게 <u>前進</u>했습니다.

2 다음 한자의 훈(뜻)과 음(소리)을 쓰세요.

前

3 다음 밑줄 친 한자어를 〈보기〉에서 찾아 그 번호를 쓰세요.

〈보기〉 ① 午前 ② 前日 ③ 直前

사고 발생 <u>직전</u>에 모두 대피했습니다.

정답 쓰기

1

2

훈 ____________

음 ____________

3

[복습 한자] 日 날 일

보물을 찾아 전진해요

前 進

한자의 설명이 맞으면 ○, 틀리면 ×를 따라가서 보물을 찾아봅시다.

前 전

前 치엔

前 젠

오늘 배울 한자를 만나 봅시다.

後 **뒤**를 뜻하고
후라고 읽어요.

後 뒤 후

'뒤'를 뜻합니다. '뒤'는 앞과 반대 방향을 가리키거나 시간이나 순서가 늦은 것을 말합니다.

※ 상대(반대)되는 한자: 前(앞 전) ↔ 後(뒤 후)

순서에 맞게 한자를 써 봅시다.

丿 彡 彳 彳 彳 彳 彳 後 後

後	後	後	後
뒤 후	뒤 후	뒤 후	뒤 후
뒤 후	뒤 후	뒤 후	뒤 후
뒤 후	뒤 후	뒤 후	뒤 후

오늘 배운 한자가 쓰인 단어의 뜻을 알아보고, 예문을 읽어 봅시다.

食 먹을 식

뜻 밥 먹은 뒤.

예문 하루에 두 번 **식후** 30분마다 약을 먹었습니다.

前 앞 전

뜻 (1) 앞과 뒤. (2) 먼저와 나중.

예문 9를 기준으로 **전후**에 있는 숫자를 비교해 봅시다.

悔 뉘우칠 회

뜻 뒤늦게 잘못을 깨닫고 뉘우침.

예문 양치기 소년은 울면서 자신의 행동을 **후회**했습니다.

1 다음 밑줄 친 한자어의 음을 쓰세요.

놀부는 지난날을 <u>後悔</u>했습니다.

2 다음 훈(뜻)과 음(소리)에 맞는 한자를 〈보기〉에서 찾아 그 번호를 쓰세요.

〈보기〉 ① 左 ② 後 ③ 前

뒤 후

3 다음 한자의 상대 또는 반대되는 한자를 〈보기〉에서 찾아 그 번호를 쓰세요.

〈보기〉 ① 右 ② 左 ③ 後

前 ↔ (   )

정답 쓰기

1

2

3

[복습 한자] 左 왼 좌
右 오른 우

후회해도 소용없어요

後 悔

'소 잃고 외양간 고친다.'라는 속담을 들어본 적 있나요? 부서지고 망가진 외양간을 서둘러 고치지 않고 지내다가 소를 잃어버리거나 도둑맞은 다음에 빈 외양간을 고치느라 정신없다는 말입니다.

일이 잘못된 뒤에는 후회해도 소용없으니 미리미리 잘 준비하는 게 좋겠다는 말을 하고 싶을 때 '소 잃고 외양간 고친다.'라고 합니다.

後 후 后 허우  後 고

오늘 배울 한자를 만나 봅시다.

時

때를 뜻하고
시라고 읽어요.

時 때 시

時 때 시

7급Ⅱ | 부수 日 | 총 10획

'때'를 뜻합니다. '때'는 시간을 가리키는 말입니다.

순서에 맞게 한자를 써 봅시다.

丨 冂 月 日 日一 日十 日土 日圭 時 時

때 시	때 시	때 시	때 시
때 시	때 시	때 시	때 시
때 시	때 시	때 시	때 시

오늘 배운 한자가 쓰인 단어의 뜻을 알아보고, 예문을 읽어 봅시다.

計 셀 계

뜻 시간을 나타내는 기계.

예문 **시계**의 짧은바늘이 3, 긴바늘이 12를 가리키면 3시입니다.

間 사이 간

뜻 어떤 시각에서 어떤 시각까지의 사이.

예문 운동을 하면서 쉬는 **시간**을 보냈습니다.

刻 새길 각

뜻 시간의 어느 한 순간.

예문 짝이 말하는 **시각**을 모형 시계에 나타내 봅시다.

1 다음 밑줄 친 한자어의 음을 쓰세요.

時計가 12시를 가리키자 신데렐라의 마법이 풀렸습니다.

2 다음 한자의 훈(뜻)과 음(소리)을 쓰세요.

時

3 다음 뜻에 맞는 한자어를 <보기>에서 찾아 그 번호를 쓰세요.

〈보기〉	① 時計	② 時間	③ 校時

어떤 시각에서 어떤 시각까지의 사이.

정답 쓰기

1

2

훈 ....

음 ....

3

[복습 한자] 校 학교 교

시각과 시간을 구별해요

時 刻 時 間

열차 출발 시각은 9시 45분입니다.

時	刻
때 시	새길 각

시간의 어느 한 순간.

버스를 탄 지 한 시간이 지났습니다.

時	間
때 시	사이 간

어떤 시각에서 어떤 시각까지의 사이.

퀴즈

사건이 발생한 시각은 몇 시일까요?

❶ 저녁 7시
❷ 아침 7시
❸ 새벽 3시
❹ 오후 3시

時 시 时 스 時 지

오늘 배울 한자를 만나 봅시다.

空

空 **비다**를 뜻하고
공이라고 읽어요.

空 빌 공

空 빌 공

7급Ⅱ | 부수 穴 | 총 8획

뜻을 나타내는 '穴(구멍 혈)'과 음을 나타내는 '工(장인 공)'을 합해 만든 글자로, 아무것도 들어 있지 않고 속이 텅 '비다'는 뜻입니다.

순서에 맞게 한자를 써 봅시다.

空

空	空	空	空
빌 공	빌 공	빌 공	빌 공
빌 공	빌 공	빌 공	빌 공
빌 공	빌 공	빌 공	빌 공

오늘 배운 한자가 쓰인 단어의 뜻을 알아보고, 예문을 읽어 봅시다.

冊 책 책

뜻 빈 종이를 여러 장 묶어 놓은 책.

예문 오늘 배운 단어를 **공책**에 다시 한번 써 봅시다.

氣 기운 기

뜻 지구를 둘러싸고 있는 여러 기체.

예문 겨울철에는 바깥 **공기**가 차갑습니다.

間 사이 간

뜻 아무것도 없는 빈 곳.

예문 지진이 나면 건물에서 멀리 떨어진 넓은 **공간**으로 피합니다.

1 다음 밑줄 친 한자어의 음을 쓰세요.

물건을 넣을 수 있는 <u>空間</u>이 넓어 사용이 편리합니다.

2 다음 훈(뜻)과 음(소리)에 맞는 한자를 〈보기〉에서 찾아 그 번호를 쓰세요.

〈보기〉 ① 安 ② 空 ③ 家

빌 공

3 다음 밑줄 친 한자어를 〈보기〉에서 찾아 그 번호를 쓰세요.

〈보기〉 ① 空冊 ② 空氣 ③ 空間

맑은 <u>공기</u>를 마시니 기분이 좋습니다.

정답 쓰기

1

2

3

[복습 한자] 安 편안 안
家 집 가

보이지 않아도 느낄 수 있는 공기

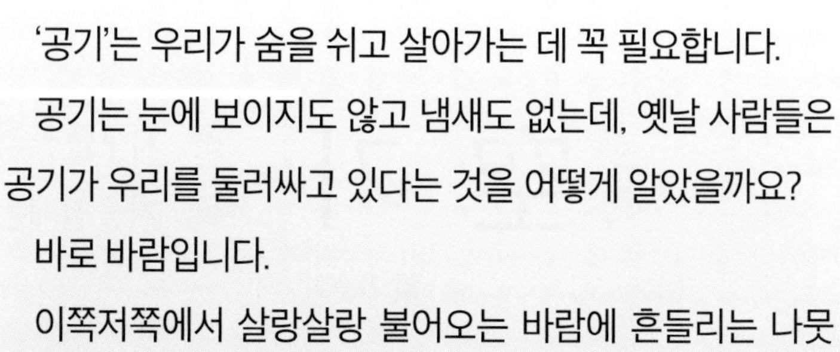

'공기'는 우리가 숨을 쉬고 살아가는 데 꼭 필요합니다.

공기는 눈에 보이지도 않고 냄새도 없는데, 옛날 사람들은 공기가 우리를 둘러싸고 있다는 것을 어떻게 알았을까요?

바로 바람입니다.

이쪽저쪽에서 살랑살랑 불어오는 바람에 흔들리는 나뭇가지와 잎사귀, 바람이 피부에 닿을 때 느껴지는 상쾌함과 부드러운 느낌을 통해 공기를 느낄 수 있었습니다.

그래서 옛날 사람들은 '눈에 보이지 않는 기운'이라는 뜻으로, '공기'라는 이름을 붙였습니다.

눈에 보이지 않기 때문에 아무것도 없다는 뜻의 '빌 공(空)' 을 쓰고,

감각으로 느낄 수 있었기 때문에 '기운 기(氣)' 를 써서 '공기'라고 이름을 붙였어요.

空 공 | 空 콩 | 空 쿠-

오늘 배울 한자를 만나 봅시다.

間

사이를 뜻하고
간이라고 읽어요.

間 사이 **간**

사이 간

7급Ⅱ	부수 門	총 12획

두 개의 문짝〔門〕 사이로 햇빛〔日〕이 비치는 모습을 나타낸 글자로, '사이'를 뜻합니다. '사이'는 한곳에서 다른 곳까지의 거리나 공간을 말합니다.

순서에 맞게 한자를 써 봅시다.

丨 𠃌 𠃌 𠃌 門 門 門 門 門 問 間 間

間	間	間	間
사이 간	사이 간	사이 간	사이 간
사이 간	사이 간	사이 간	사이 간
사이 간	사이 간	사이 간	사이 간

오늘 배운 한자가 쓰인 단어의 뜻을 알아보고, 예문을 읽어 봅시다.

中 가운데 중

뜻 '두 사물의 사이'라는 뜻으로, 가운데.

예문 길이를 재는 자에서 숫자 2와 10의 **중간**은 6입니다.

食 먹을 식

뜻 밥 먹는 시간 사이에 먹는 음식.

예문 **간식**을 먹기 전에는 '잘 먹겠습니다.'라고 인사합니다.

瞬 눈 깜짝일 순

뜻 '눈 깜박할 사이'라는 뜻으로, 아주 짧은 시간.

예문 주사를 맞는 **순간** 눈물이 나올 뻔했습니다.

1 다음 밑줄 친 한자어의 음을 쓰세요.

학교와 집 中間에 병원이 있습니다.

2 다음 한자의 훈(뜻)과 음(소리)을 쓰세요.

間

3 다음 한자의 진하게 표시한 획은 몇 번째 쓰는지 <보기>에서 찾아 그 번호를 쓰세요.

間

<보기> ① 일곱 번째 ② 여덟 번째 ③ 아홉 번째 ④ 열 번째

정답 쓰기

1

2

훈

음

3

교과서通 한자王

몸에 좋은 간식을 먹어요

몸에 좋은 간식

땅콩, 호두, 아몬드를 많이 먹으면 몸이 건강해집니다. 호두에는 머리가 좋아지는 영양소도 들어 있습니다.

과일에는 우리 몸에 꼭 필요한 영양소인 비타민이 풍부합니다.

몸에 좋지 않은 간식

깨끗하지 않은 공장에서 만든 불량 식품은 먹지 않는 것이 좋습니다.

알록달록 색깔도 예쁘고 달콤한 탄산 음료수는 설탕과 인공 색소가 많이 들어가 있어 몸에 좋지 않습니다.

間 간	间 찌엔	間 칸

오늘 배울 한자를 만나 봅시다.

市 **저자**를 뜻하고
시라고 읽어요.

市 저자 **시**

'저자'를 뜻합니다. '저자'는 물건을 사고파는 시장을 예스럽게 이르는 말입니다.

순서에 맞게 한자를 써 봅시다.

丶 亠 亣 市 市

市	市	市	市
저자 시	저자 시	저자 시	저자 시
저자 시	저자 시	저자 시	저자 시
저자 시	저자 시	저자 시	저자 시

교과서 어휘

오늘 배운 한자가 쓰인 단어의 뜻을 알아보고, 예문을 읽어 봅시다.

場 마당 장

뜻 물건을 사고파는 곳.

예문 부모님과 함께 **시장**에 가서 채소와 생선을 샀습니다.

都 도읍 도

뜻 사람이 많이 사는 큰 지역.

예문 환경 오염이 심한 **도시**에서는 밤에 반딧불이를 볼 수 없습니다.

民 백성 민

뜻 도시에 사는 사람.

예문 소방관은 **시민**들의 안전을 위해 최선을 다합니다.

급수 시험 유형 문제

정답 확인

1 다음 밑줄 친 한자어의 음을 쓰세요.

주말 전통 <u>市場</u>은 손님들로 북적였습니다.

2 다음 한자의 훈(뜻)과 음(소리)을 쓰세요.

市

3 다음 한자의 진하게 표시한 획은 몇 번째 쓰는지 <보기>에서 찾아 그 번호를 쓰세요.

<보기> ① 두 번째 ② 세 번째 ③ 네 번째 ④ 다섯 번째

정답 쓰기

1

2

훈 ....

음 ....

3

시장에서 채소를 사요

市 場

시장에서 채소를 찾아 따라갔을 때 완성되는 말을 ▢ 안에 써 봅시다.

市 시

市 스

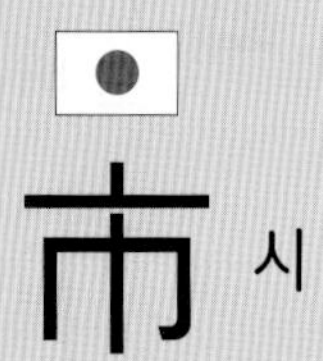
市 시

오늘 배울 한자를 만나 봅시다.

午 **낮**을 뜻하고
오라고 읽어요.

午 낮 오

하늘에 해가 떠 있는 '낮'을 뜻합니다.

순서에 맞게 한자를 써 봅시다.

丿 𠂉 𠂉 午

午	午	午	午
낮 오	낮 오	낮 오	낮 오
낮 오	낮 오	낮 오	낮 오
낮 오	낮 오	낮 오	낮 오

오늘 배운 한자가 쓰인 단어의 뜻을 알아보고, 예문을 읽어 봅시다.

正 바를 정

뜻 낮 열두 시.

예문 시계가 정확히 **정오**를 가리켰습니다.

後 뒤 후

뜻 낮 열두 시부터 해가 질 때까지의 시간.

예문 안전 체험 센터는 **오후** 5시에 문을 닫습니다.

端 끝 단

뜻 음력 5월 5일. 우리나라 명절의 하나.

예문 **단오**에는 씨름을 하거나 그네를 뜁니다.

1 다음 밑줄 친 한자어의 음을 쓰세요.

내일은 <u>午後</u> 한때 소나기가 오겠습니다.

2 다음 한자의 훈(뜻)과 음(소리)을 쓰세요.

午

3 다음 밑줄 친 한자어를 〈보기〉에서 찾아 그 번호를 쓰세요.

〈보기〉 ① 端午 ② 午前 ③ 午後

친구들과 <u>단오</u> 풍속을 체험하는 행사에 참여했습니다.

정답 쓰기

1

2

훈 ______

음 ______

3

[복습 한자] 前 앞 전

시간을 나타내는 말, 오전과 오후

午 前　午 後

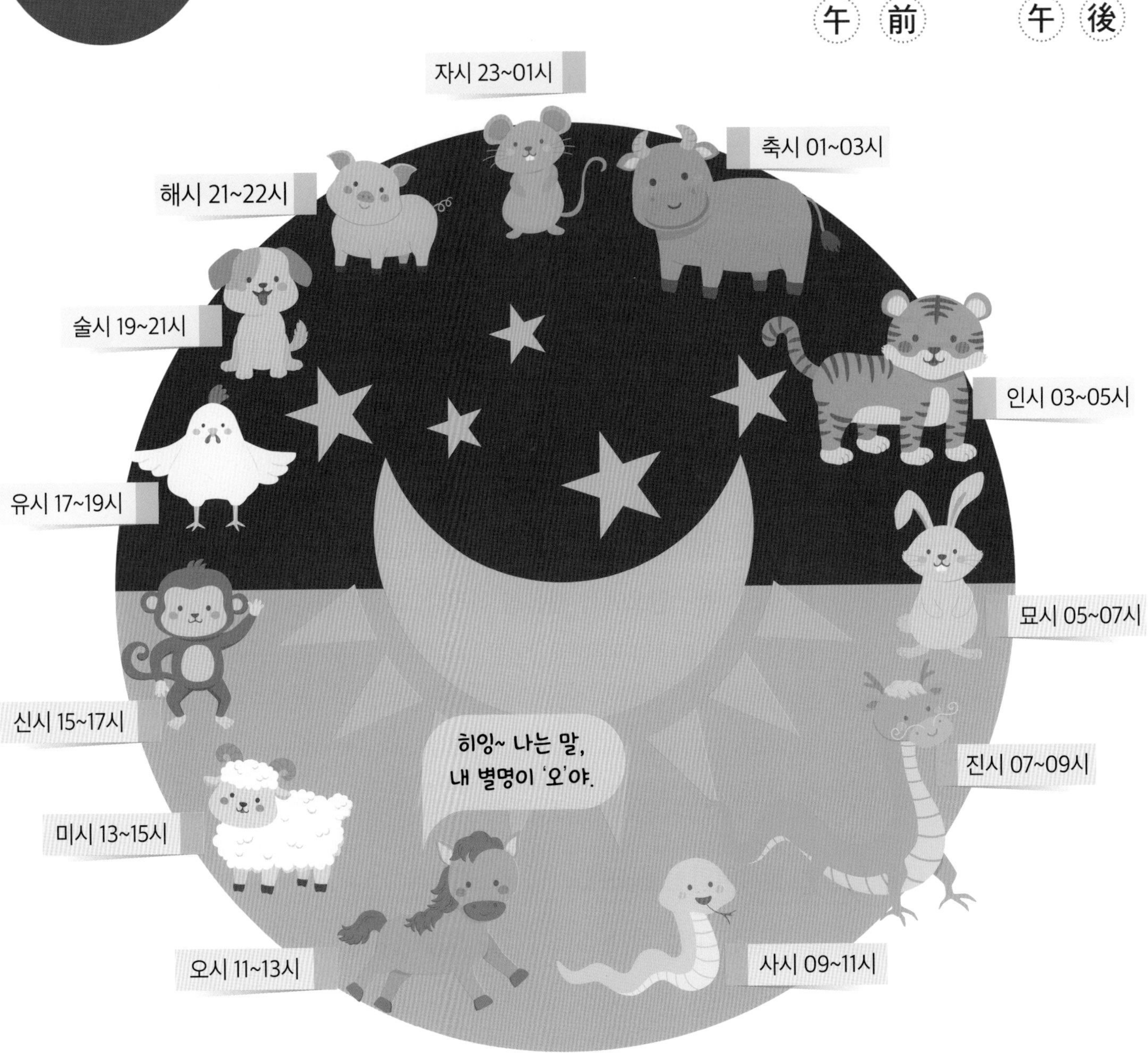

옛날 사람들은 하루를 12개의 시간으로 나누고, 열두 띠 동물의 이름을 붙였습니다. 오전 11시부터 오후 1시까지의 한낮은 동물 중에 말을 뜻하는 '오(午)' 자를 써서 '오시'라고 불렀습니다. 낮 12시를 뜻하는 '정오'라는 말은 '오시'의 한가운데라는 뜻입니다. 정오를 기준으로 앞에 있는 시간은 오전, 뒤에 있는 시간은 오후라고 부릅니다.

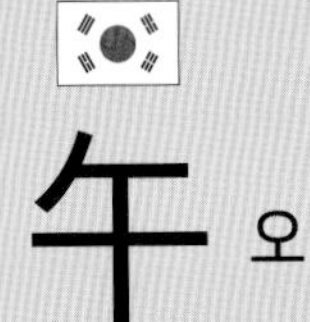

午 오

午 우

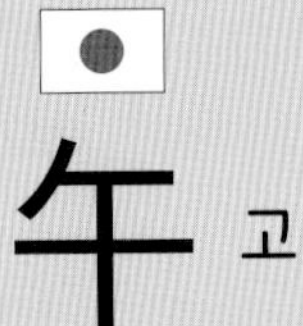

午 고

오늘 배울 한자를 만나 봅시다.

直 **곧다**를 뜻하고 **직**이라고 읽어요.

直 곧을 **직**

사물이 비뚤어지거나 구부러지지 않고
'곧다'는 뜻입니다.

순서에 맞게 한자를 써 봅시다.

一 十 𠂇 冇 𦉫 育 首 直

直 곧을 직	直 곧을 직	直 곧을 직	直 곧을 직
곧을 직	곧을 직	곧을 직	곧을 직
곧을 직	곧을 직	곧을 직	곧을 직

오늘 배운 한자가 쓰인 단어의 뜻을 알아보고, 예문을 읽어 봅시다.

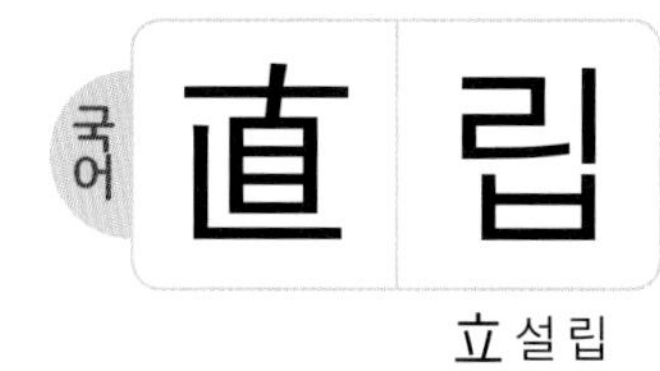

뜻 꼿꼿하게 바로 섬.

예문 사람은 동물과 달리 **직립**으로 서서 걷습니다.

뜻 다른 것을 거치지 않고 바로 이어짐.

예문 우리 집 앞에 쌓인 눈은 우리 가족이 **직접** 치웁니다.

뜻 곧은 선.

예문 달리기 트랙에서 **직선**인 부분을 찾아봅시다.

1 다음 밑줄 친 한자어의 음을 쓰세요.

인간은 <u>直立</u>으로 서서 걸으면서 두 손이 자유로워졌습니다.

2 다음 한자의 훈(뜻)과 음(소리)을 쓰세요.

直

3 다음 뜻에 맞는 한자어를 〈보기〉에서 찾아 그 번호를 쓰세요.

〈보기〉	① 直立	② 直後	③ 直線

곧은 선.

정답 쓰기

1

2

훈 ....

음 ....

3

[복습 한자] 後 뒤 후

직선을 그어 한자를 완성해요

모양이 똑같은 두 점을 잇는 직선을 그어 '곧을 직'을 완성해 봅시다.

오늘 배울 한자를 만나 봅시다.

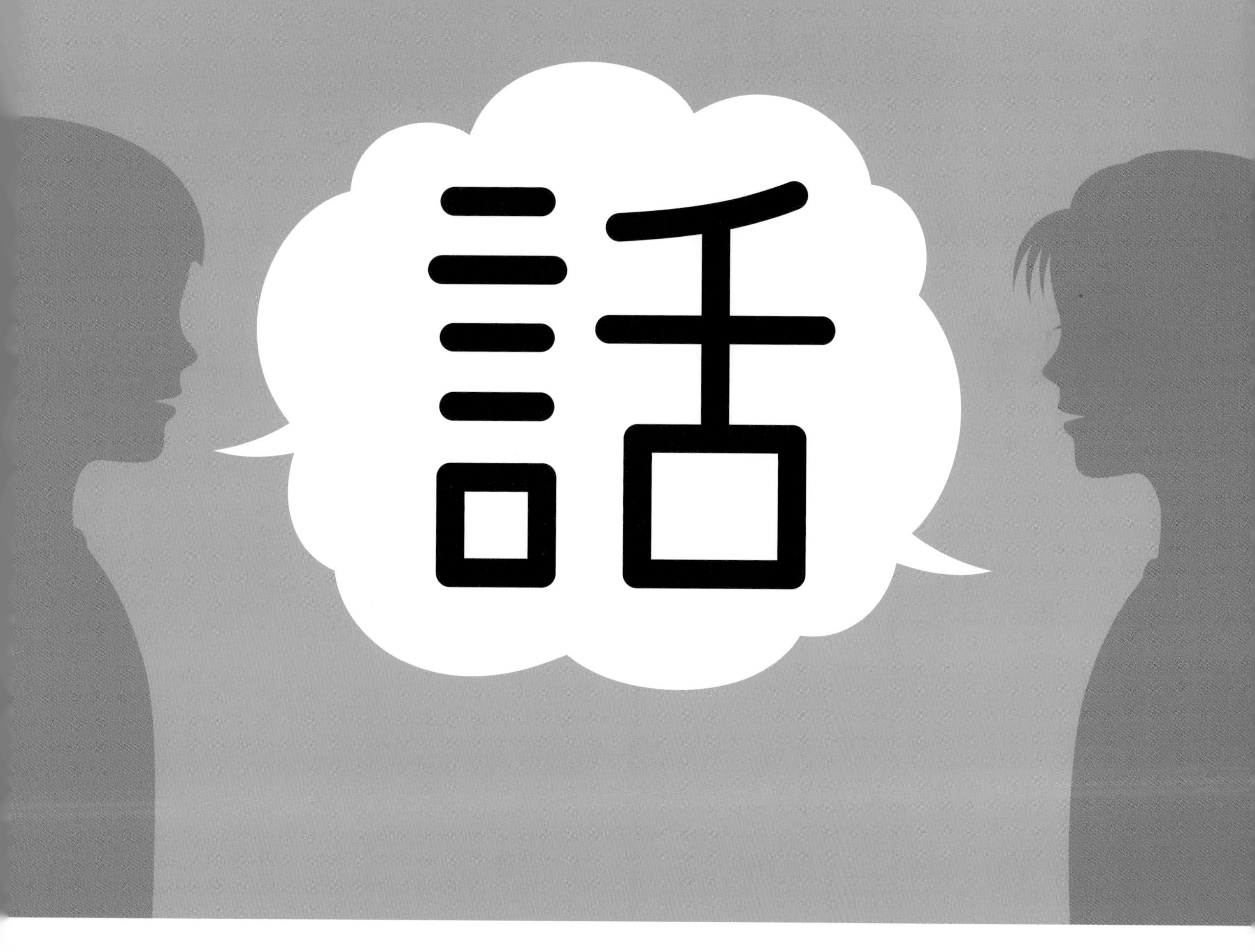

話 **말씀**을 뜻하고
화라고 읽어요.

話 말씀 **화**

말씀 **화**

7급Ⅱ | 부수 言 | 총 13획

'言(말씀 언)'과 '舌(혀 설)'을 합해 만든 글자로, 사람의 입에서 나오는 말이나 '말씀'을 뜻합니다.

순서에 맞게 한자를 써 봅시다.

丶 亠 亠 亠 言 言 言 訁 訁 託 話 話 話

話	話	話	話
말씀 화	말씀 화	말씀 화	말씀 화
말씀 화	말씀 화	말씀 화	말씀 화
말씀 화	말씀 화	말씀 화	말씀 화

오늘 배운 한자가 쓰인 단어의 뜻을 알아보고, 예문을 읽어 봅시다.

電 번개 전

뜻 전화기로 이야기함.

예문 불이 났을 때는 119에 **전화**를 걸어 신고합니다.

通 통할 통

뜻 전화로 말을 주고받음.

예문 버스에서 큰 소리로 **통화**를 하지 않습니다.

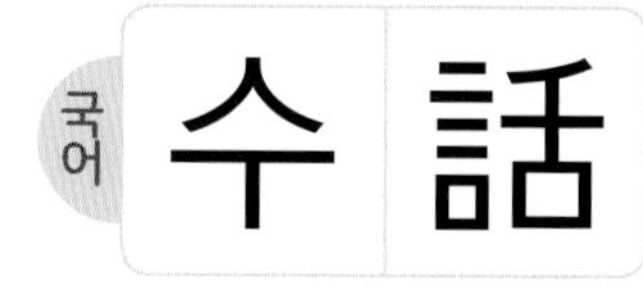

手 손 수

뜻 소리를 못 듣거나 말을 못하는 사람이 손짓으로 하는 말.

예문 말을 할 수 없는 주인공은 **수화**로 말했습니다.

1 다음 밑줄 친 한자어의 음을 쓰세요.

간단한 인사말을 <u>手話</u>로 배웠습니다.

2 다음 훈(뜻)과 음(소리)에 맞는 한자를 〈보기〉에서 찾아 그 번호를 쓰세요.

〈보기〉 ① 話 ② 教 ③ 動

말씀 화

3 다음 밑줄 친 한자어를 〈보기〉에서 찾아 그 번호를 쓰세요.

〈보기〉 ① 手話 ② 通話 ③ 電話

약속을 잡기 위해 친구에게 <u>전화</u>를 걸었습니다.

정답 쓰기

1

2

3

[복습 한자] 教 가르칠 교
動 움직일 동

손으로 말해요, 수화

手 話

'수화'는 귀로 듣거나 말하는 것에 장애가 있는 사람들과 손짓으로 대화하는 방법입니다. 같은 동작이라도 표정에 따라 의미가 달라질 수 있다고 합니다. 수화로 말할 때는 진심이 드러난 표정으로 말합시다.

話 화 话 후아 話 와

오늘 배울 한자를 만나 봅시다.

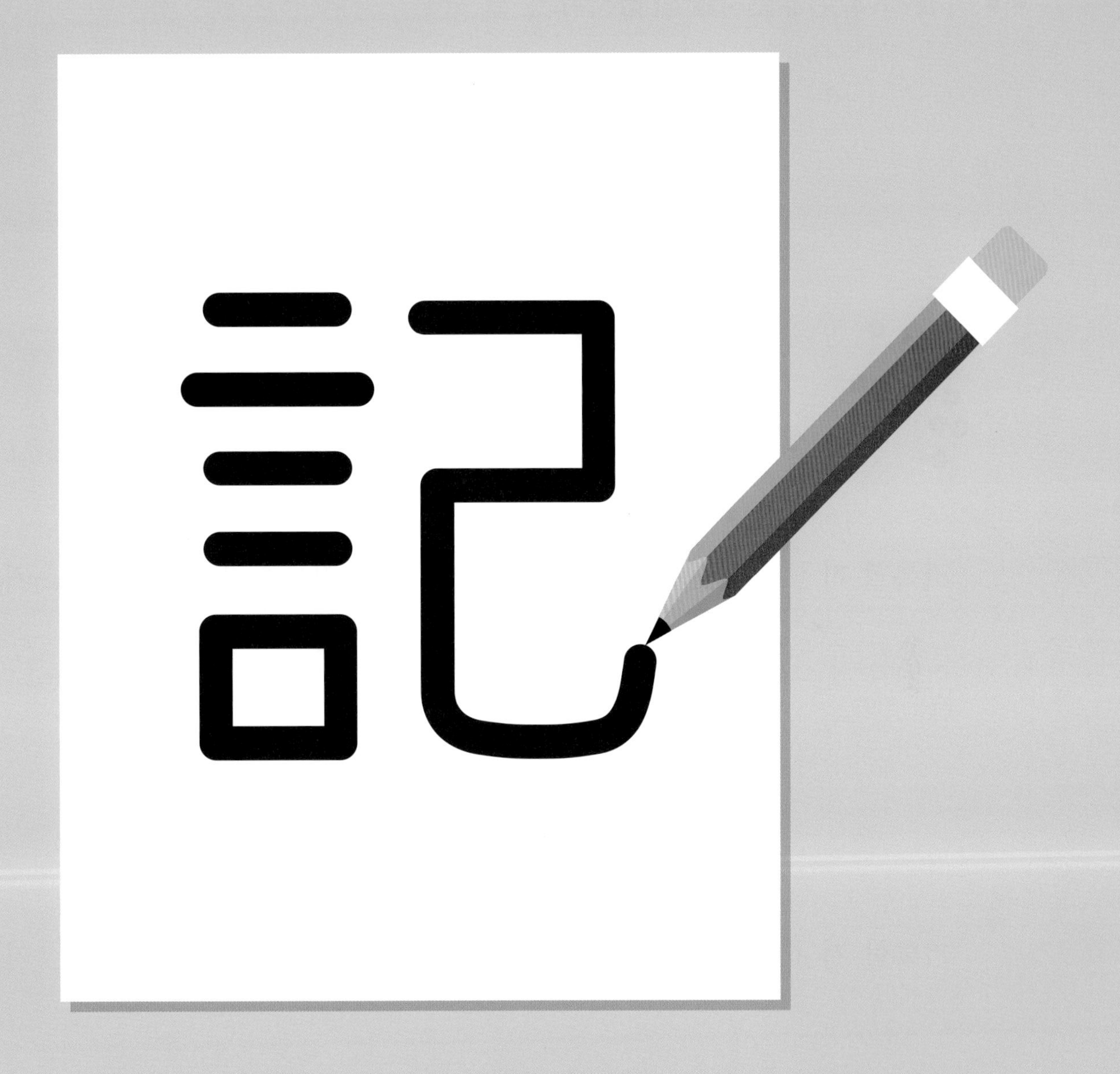

記 **기록하다**를 뜻하고
기라고 읽어요.

記 기록할 기

記 기록할 기

7급Ⅱ | 부수 言 | 총 10획

뜻을 나타내는 '言(말씀 언)'과 음을 나타내는 '己(몸 기)'를 합해 만든 글자로, 말을 글로 써서 '기록하다'는 뜻입니다.

순서에 맞게 한자를 써 봅시다.

丶 亠 亠 言 言 言 言 訁 訂 記

記	記	記	記
기록할 기	기록할 기	기록할 기	기록할 기
기록할 기	기록할 기	기록할 기	기록할 기
기록할 기	기록할 기	기록할 기	기록할 기

오늘 배운 한자가 쓰인 단어의 뜻을 알아보고, 예문을 읽어 봅시다.

日 날 일

뜻 날마다 그날 겪은 일이나 생각을 적는 글.

예문 매일매일 꾸준히 **일기**를 쓰고, 다짐한 것을 실천해 봅시다.

事 일 사

뜻 신문이나 잡지에 실린 사실을 알리는 글.

예문 신문 **기사**를 읽고 자신의 생각을 말해 봅시다.

憶 생각할 억

뜻 잊지 않고 마음속에 간직하거나 다시 생각해 냄.

예문 가족과 함께 여행을 갔던 **기억**이 떠올랐습니다.

1 다음 밑줄 친 한자어의 음을 쓰세요.

할아버지께서는 삼십 년 동안 매일 <u>日記</u>를 쓰셨습니다.

2 다음 한자의 훈(뜻)과 음(소리)을 쓰세요.

記

3 다음 밑줄 친 한자어를 〈보기〉에서 찾아 그 번호를 쓰세요.

〈보기〉 ① 日記 ② 手記 ③ 記事

조사한 내용을 신문 <u>기사</u>로 작성했습니다.

정답 쓰기

1

2

훈 ....

음 ....

3

[복습 한자] 手 손 수

한자의 모양을 기억해요

한자의 모양을 기억하며 퍼즐이 빠진 부분을 연필로 그려서 완성해 봅시다.

記 기

记 찌

記 키

오늘 배울 한자를 만나 봅시다.

正

바르다를 뜻하고

정이라고 읽어요.

正 바를 **정**

비뚤어지거나 굽은 데가 없거나 말이나 행동이 '바르다'는 뜻입니다.

순서에 맞게 한자를 써 봅시다.

一 丅 下 正 正

正 바를 정	正 바를 정	正 바를 정	正 바를 정
바를 정	바를 정	바를 정	바를 정
바를 정	바를 정	바를 정	바를 정

오늘 배운 한자가 쓰인 단어의 뜻을 알아보고, 예문을 읽어 봅시다.

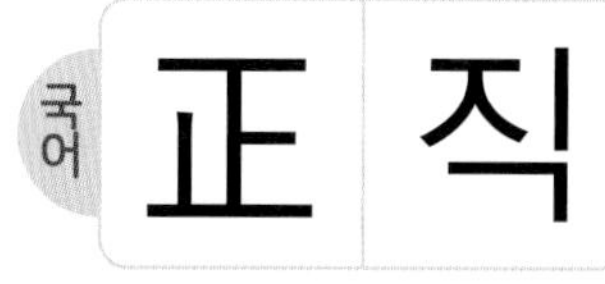

直 곧을 직

뜻 거짓 없이 바르고 곧음.

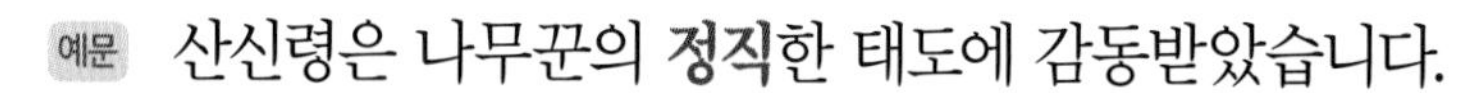

예문 산신령은 나무꾼의 **정직**한 태도에 감동받았습니다.

確 굳을 확

뜻 바르고 확실함.

예문 119에 신고할 때는 주소를 **정확**하게 말해야 합니다.

刻 새길 각

뜻 바로 그 시각.

예문 시계가 오전 11시 **정각**을 가리키면 시험이 시작됩니다.

1 다음 밑줄 친 한자어의 음을 쓰세요.

잘못을 했을 때는 <u>正直</u>하게 말하고 사과해야 합니다.

2 다음 한자의 훈(뜻)과 음(소리)을 쓰세요.

正

3 다음 뜻에 맞는 한자어를 <보기>에서 찾아 그 번호를 쓰세요.

<보기>	① 正午	② 正門	③ 正刻

바로 그 시각.

정답 쓰기

1

2

훈 ....

음 ....

3

[복습 한자] 午 낮 오
門 문 문

교과서 通 한자王

한자를 바르고 정확하게 써요

모두 '사람 인(人)' 자를 쓴 것입니다. 그런데 세 글자 모두 모양이 달라 보이는 것은 왜일까요?

첫째, 한자 쓰는 순서를 잘 알지 못하고 썼기 때문입니다. 한글을 쓸 때처럼 한자를 쓸 때도 먼저 쓰는 획과 나중에 쓰는 획의 순서가 있습니다.

둘째, 빨리 쓰려고만 하다 보니 모양을 제대로 쓸 수 없었던 것입니다. 처음 새로운 글자를 배울 때는 한 자 한 자 정성 들여 또박또박 쓰면서 연습해 보는 것이 중요합니다.

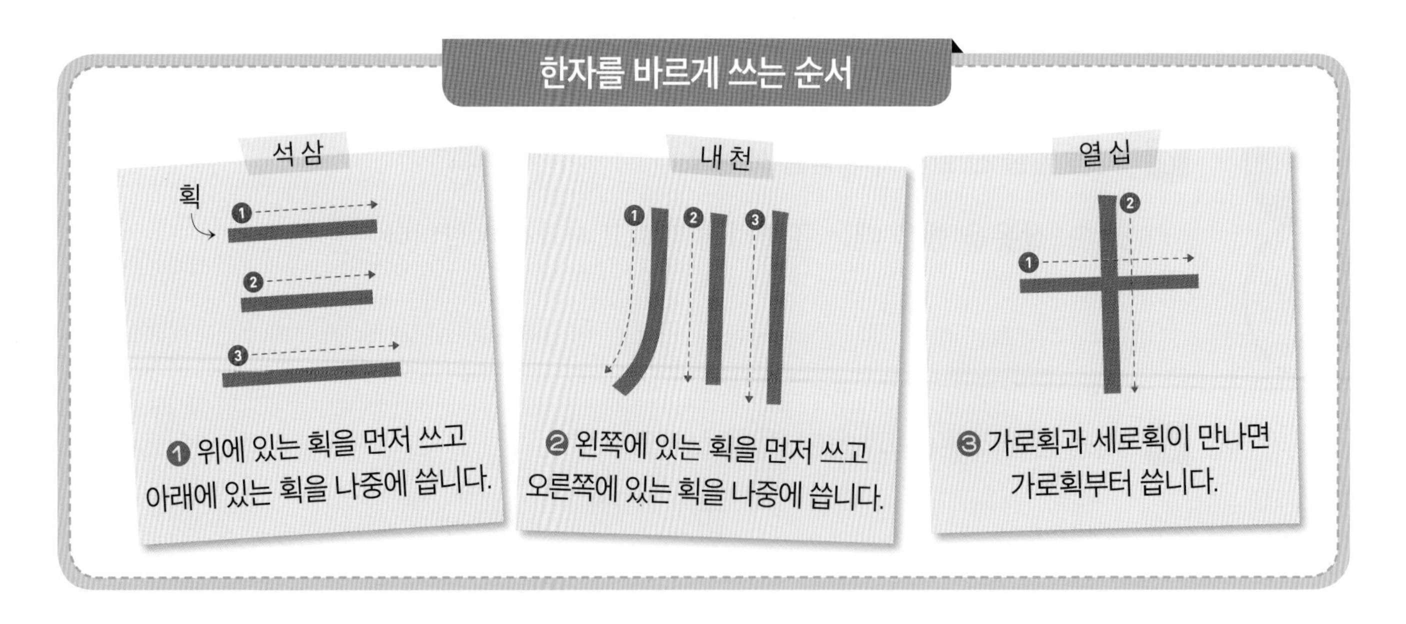

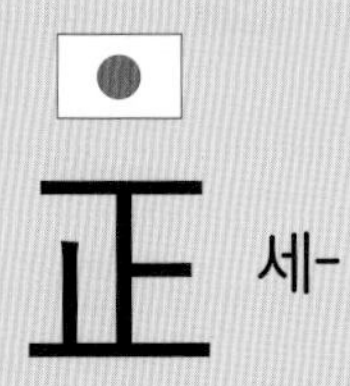

오늘 배울 한자를 만나 봅시다.

世 **인간**을 뜻하고
세라고 읽어요.

世 인간 **세**

'인간'을 뜻합니다. 어린아이가 자라서 부모님의 일을 이어받을 때까지의 삼십 년 정도의 기간을 가리키는 '세대'라는 뜻으로도 쓰입니다.

순서에 맞게 한자를 써 봅시다.

一 十 廿 廿 世

인간 세	인간 세	인간 세	인간 세
인간 세	인간 세	인간 세	인간 세
인간 세	인간 세	인간 세	인간 세

오늘 배운 한자가 쓰인 단어의 뜻을 알아보고, 예문을 읽어 봅시다.

뜻 사람이 살고 있는 모든 곳.

예문 나는 이 **세상**에서 엄마가 제일 좋습니다.

뜻 지구에 있는 모든 나라.

예문 이번 대회에는 **세계** 여러 나라가 참가했습니다.

뜻 조선 제4대 왕. '세상에서 으뜸인 왕'이라는 뜻.

예문 훌륭한 한글은 **세종** 대왕과 학자들이 만들었습니다.

1 다음 밑줄 친 한자어의 음을 쓰세요.

타조는 <u>世上</u>에서 가장 큰 새입니다.

2 다음 훈(뜻)과 음(소리)에 맞는 한자를 〈보기〉에서 찾아 그 번호를 쓰세요.

〈보기〉 ① 內 ② 世 ③ 自

인간 세

3 다음 한자의 진하게 표시한 획은 몇 번째 쓰는지 〈보기〉에서 찾아 그 번호를 쓰세요.

世

〈보기〉 ① 첫 번째 ② 두 번째 ③ 세 번째 ④ 네 번째

정답 쓰기

1

2

3

[복습 한자] 內 안 내
自 스스로 자

책을 사랑한 세종 대왕

세종 대왕은 어려서부터 책 읽는 것을 매우 좋아했습니다. 한 책을 백 번씩 반복해서 읽었습니다. 어떤 책은 이백 번씩 읽기도 했습니다. 몸이 아플 때도 책을 읽었습니다. 아버지 태종 임금은 어린 세종이 책을 읽다가 건강을 잃을까 걱정해서 세종의 방에 있던 책을 다 치워 버렸습니다. 세종은 병풍 사이에 떨어져 있던 책을 찾아 천백 번이나 읽었습니다.

왕이 되어서는 더욱 열심히 책을 읽었습니다. 날마다 밤늦게까지 책을 읽었고, 심지어는 밥을 먹을 때도 책을 보았습니다.

세종 대왕은 우리 역사에서 가장 존경받는 위대한 왕입니다. 글을 몰라 억울한 일을 당하는 백성들을 위해 한글을 만들고, 백성들이 잘살 수 있도록 과학 기술과 문화 발전에도 힘썼습니다. 배우는 것을 좋아하고, 늘 책을 가까이했던 세종 대왕에게 독서는 수많은 업적을 쌓을 수 있는 밑바탕이 되었습니다.

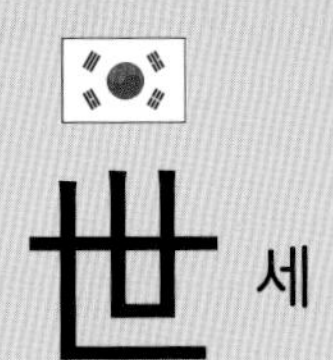

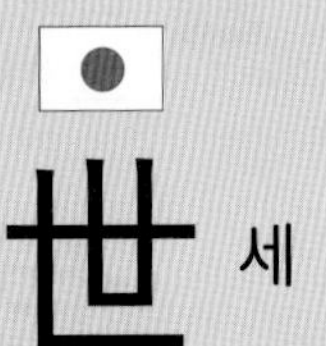

오늘 배울 한자를 만나 봅시다.

全 **온전**을 뜻하고
전이라고 읽어요.

全 온전 **전**

깨지거나 잘못된 것 없이 '온전'한 것을 뜻합니다.

순서에 맞게 한자를 써 봅시다.

丿 入 亼 亼 仝 全

全	全	全	全
온전 전	온전 전	온전 전	온전 전
온전 전	온전 전	온전 전	온전 전
온전 전	온전 전	온전 전	온전 전

오늘 배운 한자가 쓰인 단어의 뜻을 알아보고, 예문을 읽어 봅시다.

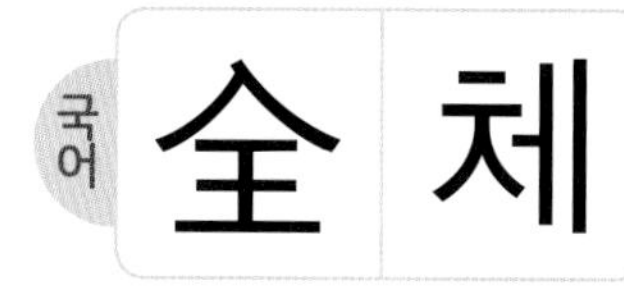

體 몸 체

뜻 모든 것. 모두.

예문 **전체** 내용을 한두 문장으로 짧게 썼습니다.

國 나라 국

뜻 온 나라.

예문 오늘은 **전국**이 흐리고 가을비가 내리겠습니다.

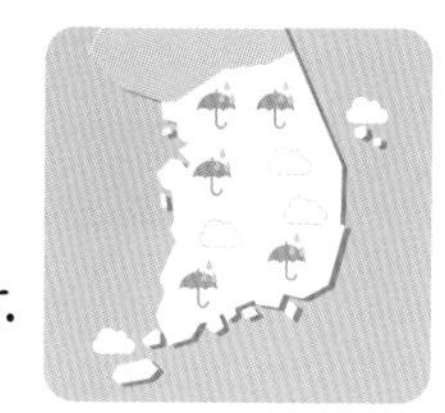

員 인원 원

뜻 전체 인원. 모든 사람.

예문 우리 반 **전원**이 운동장에 모여 교통 안전 연습을 했습니다.

1 다음 밑줄 친 한자어의 음을 쓰세요.

누나는 <u>全國</u> 어린이 동요 대회에 참가합니다.

2 다음 한자의 훈(뜻)과 음(소리)을 쓰세요.

全

3 다음 밑줄 친 한자어를 <보기>에서 찾아 그 번호를 쓰세요.

<보기>	① 全力	② 全國	③ 全體

우리 반 <u>전체</u>가 줄다리기 경기에 참여합니다.

정답 쓰기

1

2

훈

음

3

[복습 한자] 力 힘 력

교과서 通 한자王

전국 특산물을 알아봐요

全 國

경기도 여주, 이천 '쌀'

남한강 옆의 여주와 이천은
흙과 날씨가 좋아
벼농사를 짓기 좋은 지역입니다.

강원도 홍천, 평창 '옥수수'

산이 많은 강원도에서는
날씨가 서늘해도 잘 자라는
옥수수를 많이 기릅니다.

충남 천안 '호두'

우리나라에서 생산되는
호두의 반 이상이
천안에서 납니다.

서울
경기도
강원도
울릉도
독도
충청북도
충청남도
경상북도
전라북도
경상남도
전라남도
제주도

경북 영덕 '대게'

다리 모양이 대나무
마디처럼 긴 영덕 대게는
껍질이 얇고 살이 많으며
맛이 좋습니다.

전남 완도 '미역'

깨끗한 남해에 있는 섬 완도는
김이 유명합니다. 미역과 다시마도
완도의 특산물입니다.

발음 듣기

全 전　　全 취엔　　全 젠

오늘 배울 한자를 만나 봅시다.

方 **모**를 뜻하고
방이라고 읽어요.

方 모방

'모'를 뜻합니다. '모'는 구석이나 네 모꼴로 각이 진 모퉁이를 가리킵니다. '方'은 '방향'이라는 뜻으로도 쓰입니다.

순서에 맞게 한자를 써 봅시다.

丶 亠 亡 方

方	方	方	方
모 방	모 방	모 방	모 방
모 방	모 방	모 방	모 방
모 방	모 방	모 방	모 방

오늘 배운 한자가 쓰인 단어의 뜻을 알아보고, 예문을 읽어 봅시다.

向 향할 향

前 앞 전

뜻 앞쪽.

예문 **전방**에 '도로 공사 중'이라는 교통 표지판이 있습니다.

法 법 법

뜻 일을 하는 방식.

예문 미로에서 탈출할 수 있는 **방법**을 생각해 봅시다.

1 다음 밑줄 친 한자어의 음을 쓰세요.

누나에게 자전거 타는 <u>方法</u>을 배웠습니다.

2 다음 훈(뜻)과 음(소리)에 맞는 한자를 〈보기〉에서 찾아 그 번호를 쓰세요.

〈보기〉 ① 力 ② 方 ③ 不

모 방

3 다음 뜻에 맞는 한자어를 〈보기〉에서 찾아 그 번호를 쓰세요.

〈보기〉 ① 方向 ② 方法 ③ 前方

앞쪽.

정답 쓰기

1

2

3

[복습 한자] 力 힘 력
不 아닐 불

색종이를 오려 토끼를 만드는 방법

方 法

깡충깡충 귀가 큰 토끼를 만들어 봅시다.

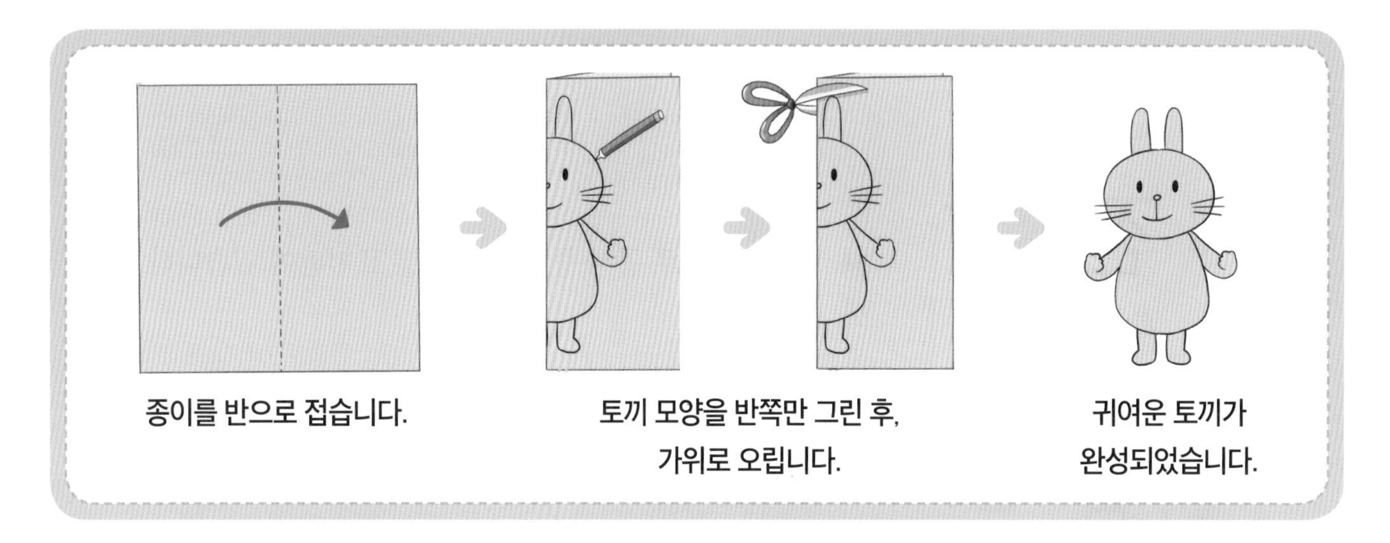

종이를 반으로 접은 후, 여러 가지 모양을 그려서 오려 봅시다.

方 방 方 팡 方 호-

오늘 배울 한자를 만나 봅시다.

活 살 활

물이 흘러서 움직이고 변하는 것처럼 사람이나 생물이 '살다'는 뜻입니다.

순서에 맞게 한자를 써 봅시다.

丶 冫 氵 氵 氵 汘 汘 活 活

活	活	活	活
살 활	살 활	살 활	살 활
살 활	살 활	살 활	살 활
살 활	살 활	살 활	살 활

오늘 배운 한자가 쓰인 단어의 뜻을 알아보고, 예문을 읽어 봅시다.

生 날 생

뜻 사람이나 동물이 움직이며 살아감.

예문 남북한 학생의 하루 **생활**을 살펴봅시다.

動 움직일 동

뜻 몸을 움직여 행동함.

예문 체험 **활동**은 몇 시에 시작하는지 알아봅시다.

用 쓸 용

뜻 충분히 잘 이용함.

예문 못 쓰게 된 CD(시디)를 재**활용**해서 팽이를 만들어 봅시다.

재활용품 분리수거

1 다음 밑줄 친 한자어의 음을 쓰세요.

야외 <u>活動</u>을 할 때는 안전에 유의합니다.

2 다음 한자의 훈(뜻)과 음(소리)을 쓰세요.

活

3 다음 밑줄 친 한자어를 〈보기〉에서 찾아 그 번호를 쓰세요.

〈보기〉 ① 生活 ② 自活 ③ 活動

건강을 위해서 운동하는 <u>생활</u> 습관을 길러야 합니다.

정답 쓰기

1

2

훈

음

3

[복습 한자] 自 스스로 자

생활의 지혜가 담긴 말, 속담

누워서 떡 먹기

하기가 매우 쉬운 일을 뜻합니다.

낮말은 새가 듣고 밤말은 쥐가 듣는다

언제 어디서나 말조심해야 한다는 뜻입니다.

열 번 찍어 아니 넘어가는 나무 없다

아무리 뜻이 굳은 사람이라도 여러 번 권하면 결국은 마음이 변한다는 뜻입니다. 포기하지 않고 노력하면 결국에는 이룰 수 있다는 뜻으로도 쓰입니다.

" 속담은 사람들 사이에서 전해오는 옛날 사람들의 지혜가 담긴 쉽고 짧은 말입니다. 속담은 교훈이나 이해하기 어려운 이야기를 짧고 쉬운 내용으로 빗대어 표현하고 있기 때문에 속담을 활용해 말하면 듣는 사람이 뜻을 이해하기 쉽습니다. "

活 활

活 후어

活 카츠

오늘 배울 한자를 만나 봅시다.

電 **번개**를 뜻하고
전이라고 읽어요.

電 번개 **전**

하늘에서 번쩍이는 '번개'를 뜻합니다.

순서에 맞게 한자를 써 봅시다.

電	電	電	電
번개 전	번개 전	번개 전	번개 전
번개 전	번개 전	번개 전	번개 전
번개 전	번개 전	번개 전	번개 전

오늘 배운 한자가 쓰인 단어의 뜻을 알아보고, 예문을 읽어 봅시다.

氣 기운 기

뜻 전자의 움직임으로 생기는 에너지.
'전자'는 눈에 보이지 않는 물질로, 에너지를 만들어 냅니다.

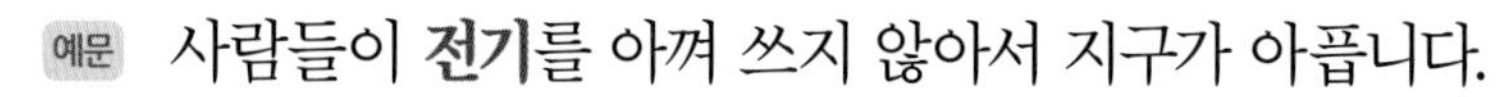

예문 사람들이 **전기**를 아껴 쓰지 않아서 지구가 아픕니다.

力 힘 력

뜻 전기가 할 수 있는 일의 능력이나 양.

예문 겨울에는 난방 기구를 많이 써서 **전력** 사용량이 늘어납니다.

充 채울 충

뜻 배터리에 전기 에너지를 모으는 것.

예문 배터리를 **충전**한 후에는 콘센트의 플러그를 뽑습니다.

1 다음 밑줄 친 한자어의 음을 쓰세요.

<u>電氣</u>는 바람을 이용해 만들 수도 있습니다.

2 다음 한자의 훈(뜻)과 음(소리)을 쓰세요.

電

3 다음 밑줄 친 한자어를 〈보기〉에서 찾아 그 번호를 쓰세요.

〈보기〉 ① 電力 ② 電氣 ③ 電話

전기를 아껴 써서 <u>전력</u> 낭비를 줄여야 합니다.

정답 쓰기

1

2

훈

음

3

[복습 한자] 話 말씀 화

교과서 通 한자王

전기를 아껴 쓰는 습관을 길러요

 전

 띠엔

 덴

오늘 배울 한자를 만나 봅시다.

氣

氣 **기운**을 뜻하고
기라고 읽어요.

氣 기운 **기**

'기운'을 뜻합니다. '기운'은 살아서 움직일 수 있는 힘이나 공기처럼 눈에 보이지 않지만 느낄 수 있는 것을 말합니다.

순서에 맞게 한자를 써 봅시다.

丿 𠂉 𠂉 气 气 气 気 氣 氣 氣

氣	氣	氣	氣
기운 기	기운 기	기운 기	기운 기
기운 기	기운 기	기운 기	기운 기
기운 기	기운 기	기운 기	기운 기

오늘 배운 한자가 쓰인 단어의 뜻을 알아보고, 예문을 읽어 봅시다.

人 사람 인

뜻 사람들의 높은 관심이나 좋아하는 마음.

예문 우리나라 노래는 외국에서도 **인기**가 많습니다.

日 날 일

뜻 날씨.

예문 인터넷 **일기** 예보에서 바깥 온도와 날씨를 확인합니다.

感 느낄 감

뜻 코가 막히고 열이 나는 병.

예문 **감기**에 걸려서 열이 납니다.

1 다음 밑줄 친 한자어의 음을 쓰세요.

이 과자는 친구들 사이에서 <u>人氣</u>가 있습니다.

2 다음 훈(뜻)과 음(소리)에 맞는 한자를 〈보기〉에서 찾아 그 번호를 쓰세요.

〈보기〉 ① 民 ② 弟 ③ 氣

기운 기

3 다음 한자의 진하게 표시한 획은 몇 번째 쓰는지 〈보기〉에서 찾아 그 번호를 쓰세요.

〈보기〉 ① 세 번째 ② 네 번째 ③ 다섯 번째 ④ 여섯 번째

정답 쓰기

1

2

3

[복습 한자] 民 백성 민
弟 아우 제

교과서 通 한자王

요즘에도 인기 있는 전통 놀이

人 氣

氣 기 | 气 치 | 気 키

오늘 배울 한자를 만나 봅시다.

食 **밥**을 뜻하고
식이라고 읽어요.

食 밥 식

뚜껑(亼)이 있는 그릇(艮)에 가득 담긴 밥 모양을 따라 만든 글자로, '밥'을 뜻합니다. 음식을 '먹다'는 뜻으로도 쓰입니다.

순서에 맞게 한자를 써 봅시다.

丿 人 亼 今 今 今 食 食 食

食	食	食	食
밥, 먹을 식	밥, 먹을 식	밥, 먹을 식	밥, 먹을 식
밥, 먹을 식	밥, 먹을 식	밥, 먹을 식	밥, 먹을 식
밥, 먹을 식	밥, 먹을 식	밥, 먹을 식	밥, 먹을 식

오늘 배운 한자가 쓰인 단어의 뜻을 알아보고, 예문을 읽어 봅시다.

堂 집 당

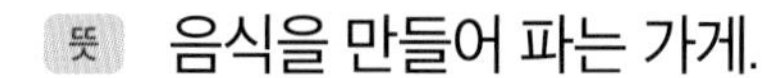

뜻 음식을 만들어 파는 가게.

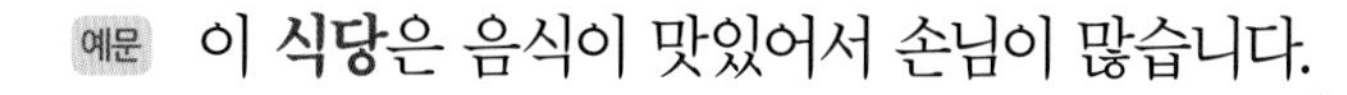

예문 이 **식당**은 음식이 맛있어서 손님이 많습니다.

給 줄 급

뜻 음식을 줌.

예문 **급식**을 먹을 때 좋아하는 음식만 골라 먹으면 안 됩니다.

外 바깥 외

뜻 밖에서 밥을 사 먹음.

예문 우리 가족은 영화를 보고 **외식**하기로 했습니다.

1 다음 밑줄 친 한자어의 음을 쓰세요.

토요일에 친척들을 만나서 <u>外食</u>을 했습니다.

2 다음 한자의 훈(뜻)과 음(소리)을 쓰세요.

食

3 다음 뜻에 맞는 한자어를 <보기>에서 찾아 그 번호를 쓰세요.

<보기>	① 食堂	② 給食	③ 韓食

음식을 줌.

정답 쓰기

1

2

훈

음

3

[복습 한자] 韓 나라 한

교과서通 한자王

식당에서도 예절을 지켜요

食 堂

식당에서 돌아다니거나 뛰지 않고
바르게 앉아서 먹습니다.

반찬을 뒤적이거나 골라서 먹지 않고,
감사하는 마음으로 먹습니다.

음식을 씹을 때는 쩝쩝 소리를 내지 않고,
입안에 음식이 있을 때는 말하지 않습니다.

기침이나 재채기가 나면
얼굴을 돌리고 냅킨(화장지)으로 입을 가립니다.

食 식

食 스

食 쇼쿠

事 **일**을 뜻하고
사라고 읽어요.

事 일 사

손에 도구를 들고 일을 하는 모습을 나타낸 글자로, '일'을 뜻합니다.

순서에 맞게 한자를 써 봅시다.

一 丆 ㄇ 㔾 写 写 亊 事

일 사	일 사	일 사	일 사
일 사	일 사	일 사	일 사
일 사	일 사	일 사	일 사

오늘 배운 한자가 쓰인 단어의 뜻을 알아보고, 예문을 읽어 봅시다.

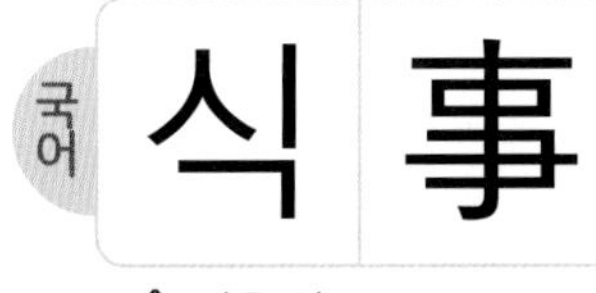

食 먹을 식

뜻 아침, 점심, 저녁을 먹는 일.

예문 찌개를 맛있게 먹으며 가족들과 저녁 **식사**를 했습니다.

行 다닐 행

뜻 어떤 일을 함.

예문 동네 도서관에서 하는 독서 문화 **행사**에 참여했습니다.

故 연고 고

뜻 갑자기 일어난 나쁜 일.

예문 횡단보도에서도 **사고**가 날 수 있으니 조심해야 합니다.

급수 시험 유형 문제

정답 확인

1 다음 밑줄 친 한자어의 음을 쓰세요.

우리 학교에서는 매년 과학 <u>行事</u>가 열립니다.

2 다음 훈(뜻)과 음(소리)에 맞는 한자를 〈보기〉에서 찾아 그 번호를 쓰세요.

〈보기〉 ① 一 ② 四 ③ 事

일 사

3 다음 밑줄 친 한자어를 〈보기〉에서 찾아 그 번호를 쓰세요.

〈보기〉 ① 行事 ② 食事 ③ 事故

주말 점심 <u>식사</u>는 가족들과 함께 먹습니다.

정답 쓰기

1

2

3

[복습 한자] 一 한 일
四 넉 사

교과서 通 한자王

다른 나라의 독특한 인사법

프랑스 사람들은 반갑다는 의미로 서로의 볼을 비비며 인사를 합니다. 얼핏 보면 양쪽 볼에 뽀뽀하는 것처럼 보이지만 입술이 뺨에 닿아서는 안 된다고 합니다.

태국 사람들은 두 손을 모으고 고개를 살짝 숙이며 인사를 합니다. 상대방을 존경할수록 고개를 많이 숙이고, 손은 코 앞까지 높이 올린다고 합니다.

미얀마에서는 팔짱을 낀 채 고개를 숙여 인사합니다. 미얀마가 영국의 지배를 받았을 때, 미얀마 사람들은 팔짱을 껴서 상대방을 공격하지 않는다는 뜻을 보여 줘야 했기 때문에 생긴 인사법이라고 합니다.

세계 많은 나라에서 통하는 악수는 어떻게 시작됐을까요?

빈손을 내밀어 상대방을 해칠 뜻이 없다는 것을 보여 주기 위해 시작된 인사라고 해요.

事 사 事 스 事 지

오늘 배울 한자를 만나 봅시다.

物 **물건**을 뜻하고 **물**이라고 읽어요.

物 물건 물

物 물건 물

7급Ⅱ | 부수 牛 | 총 8획

모양을 갖추고 있어 눈으로 볼 수 있는 '물건'을 뜻합니다.

순서에 맞게 한자를 써 봅시다.

丿 𠂉 牛 牛 牜 牞 牣 物

物

物	物	物	物
물건 물	물건 물	물건 물	물건 물
물건 물	물건 물	물건 물	물건 물
물건 물	물건 물	물건 물	물건 물

오늘 배운 한자가 쓰인 단어의 뜻을 알아보고, 예문을 읽어 봅시다.

事 일 사

뜻 일이나 물건.

예문 사람이나 **사물**의 소리나 모습을 흉내 내 봅시다.

人 사람 인

뜻 사람.

예문 작은따옴표는 **인물**이 마음속으로 한 말을 적을 때 씁니다.

障 막을 장 礙 거리낄 애

뜻 거슬리거나 일을 못하게 방해하는 물건.

예문 친구들과 함께 장애물을 넘어 비사치기를 합니다.
'비사치기'는 상대편이 세워 놓은 돌을 넘어뜨리는 놀이입니다.

1 다음 밑줄 친 한자어의 음을 쓰세요.

이야기 속 등장<u>人物</u>을 소개했습니다.

2 다음 한자의 훈(뜻)과 음(소리)을 쓰세요.

物

3 다음 뜻에 맞는 한자어를 〈보기〉에서 찾아 그 번호를 쓰세요.

〈보기〉 ① 事物 ② 海物 ③ 動物

일이나 물건.

정답 쓰기

1

2

훈

음

3

[복습 한자] 海 바다 해
動 움직일 동

우리나라 지폐 속 인물

조선 시대 학자 퇴계 이황입니다.
퇴계 이황은 벼슬에서 물러난 후에는
도산 서원에서 지내며 많은 제자를 가르쳤습니다.

조선 시대 학자 율곡 이이입니다.
율곡 이이는 어려서 신동이라고 불릴 정도로
매우 똑똑했습니다.

조선 시대의 세종 대왕입니다.
세종 대왕은 신하들이 공부에 전념할 수 있도록
집현전을 만들고, 집현전 학사들과 함께
한글(훈민정음)을 만들었습니다.

조선 시대 화가 신사임당입니다.
신사임당은 어려서부터 자수(바느질)와
그림 솜씨가 뛰어났습니다.
율곡 이이의 어머니이기도 합니다.

物 물

物 우

物 부츠

오늘 배울 한자를 만나 봅시다.

答 **대답**을 뜻하고 **답**이라고 읽어요.

答 대답 **답**

상대방의 질문이나 부르는 말에 '대답' 하는 것을 뜻합니다.

순서에 맞게 한자를 써 봅시다.

대답 답	대답 답	대답 답	대답 답
대답 답	대답 답	대답 답	대답 답
대답 답	대답 답	대답 답	대답 답

오늘 배운 한자가 쓰인 단어의 뜻을 알아보고, 예문을 읽어 봅시다.

正 바를 정

뜻 옳은 답.

예문 답을 맞히고 싶으면 **'정답'**이라고 말하며 손을 듭니다.

對 대할 대

뜻 묻거나 부르는 말에 대하여 말을 함.

예문 호랑이를 만난 나무꾼은 깜짝 놀랐지만 침착하게 **대답**했습니다.

狀 문서 장

뜻 받은 편지에 대답하여 보내는 편지.

예문 어제 친구에게 **답장**을 받고 너무 기뻤습니다.

1 다음 밑줄 친 한자어의 음을 쓰세요.

<u>正答</u>을 찾아 동그라미 표시를 했습니다.

2 다음 한자의 훈(뜻)과 음(소리)을 쓰세요.

答

3 다음 밑줄 친 한자어를 〈보기〉에서 찾아 그 번호를 쓰세요.

〈보기〉 ① 正答 ② 自答 ③ 對答

그는 조용한 목소리로 <u>대답</u>했습니다.

정답 쓰기

1

2

훈

음

3

[복습 한자] 自 스스로 자

교과서 通 한자王

수수께끼의 정답은 바로 한자

正 答

1 집 안이 조용한 글자는?

2 시간이 지나도 절대 크지 않는 소는?

3 숫자 1이 자꾸 4라고 말하는 글자는?

4 입만 열면 집에 가자고 조르는 글자는?

答 답 答 다 答 토-

어제의 한자

答

훈 음

오늘 배울 한자를 만나 봅시다.

매일 달력을 넘겨요.

每 **매양**을 뜻하고 **매**라고 읽어요.

每 매양 **매**

'매양'을 뜻합니다. '매양'이란 언제나 항상 똑같은 상태이거나 하나하나의 모든 것을 말합니다.

순서에 맞게 한자를 써 봅시다.

丿 𠂉 𠂉 每 每 每 每

每	每	每	每
매양 매	매양 매	매양 매	매양 매
매양 매	매양 매	매양 매	매양 매
매양 매	매양 매	매양 매	매양 매

오늘 배운 한자가 쓰인 단어의 뜻을 알아보고, 예문을 읽어 봅시다.

日 날 일

뜻 하루하루. 날마다.

예문 **매일** 아침 30분씩 운동을 합니다.

年 해 년

뜻 한 해 한 해. 해마다.

예문 앞마당에는 **매년** 가을 노란 국화가 핍니다.

番 차례 번

뜻 각각의 차례. 매 때마다.

예문 읽고 싶은 책을 **매번** 사기가 힘들어서 도서관에서 빌립니다.

1 다음 밑줄 친 한자어의 음을 쓰세요.

우리 가족은 <u>每年</u> 이웃 돕기 행사에 참가합니다.

2 다음 훈(뜻)과 음(소리)에 맞는 한자를 〈보기〉에서 찾아 그 번호를 쓰세요.

〈보기〉 ① 母 ② 每 ③ 海

매양 매

3 다음 한자의 진하게 표시한 획은 몇 번째 쓰는지 〈보기〉에서 찾아 그 번호를 쓰세요.

每

〈보기〉 ① 세 번째 ② 네 번째 ③ 다섯 번째 ④ 여섯 번째

정답 쓰기

1

2

3

[복습 한자] 母 어미 모
海 바다 해

교과서通 한자王

매일 풀고 싶은 초성 퀴즈

1 ㄱ ㄱ

2 ㄷ ㄷ

3 ㅂ ㅂ

4 ㅈ ㅈ

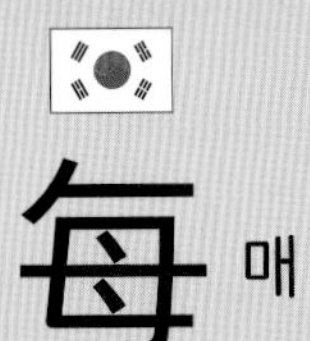

每 매

오늘 배울 한자를 만나 봅시다.

農 **농사**를 뜻하고
농이라고 읽어요.

農 농사 농

곡식이나 채소를 심어 기르는 '농사'를
뜻합니다.

순서에 맞게 한자를 써 봅시다.

농사 농	농사 농	농사 농	농사 농
농사 농	농사 농	농사 농	농사 농
농사 농	농사 농	농사 농	농사 농

오늘 배운 한자가 쓰인 단어의 뜻을 알아보고, 예문을 읽어 봅시다.

事 일 사

뜻 곡식이나 채소를 심어 기르고 거두는 일.

예문 올해 큰아버지께서 지으신 **농사**가 아주 잘되었습니다.

夫 지아비 부

뜻 농사짓는 사람.

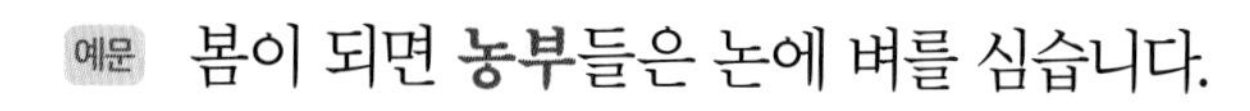

예문 봄이 되면 **농부**들은 논에 벼를 심습니다.

場 마당 장

뜻 농작물을 가꾸거나 가축을 기르는 곳.

예문 〈동물 **농장**〉에 나오는 동물의 울음소리를 바꾸어 봅시다.

1 다음 밑줄 친 한자어의 음을 쓰세요.

농부 → <u>農夫</u>들은 여름이 오기 전에 모내기를 시작합니다.

2 다음 한자의 훈(뜻)과 음(소리)을 쓰세요.

農

3 다음 밑줄 친 한자어를 〈보기〉에서 찾아 그 번호를 쓰세요.

〈보기〉	① 農土	② 農事	③ 農場

주말 <u>농장</u>에서 기른 과일을 수확했습니다.

정답 쓰기

1

2

훈 ....

음 ....

3

[복습 한자] 土 흙 토

농부의 현명한 대답

農 농	农 농	農 노-

오늘 배울 한자를 만나 봅시다.

場 **마당**을 뜻하고
장이라고 읽어요.

場 마당 **장**

場 마당 장

7급Ⅱ	부수 土	총 12획

땅이 평평한 '마당'을 뜻합니다. '마당'은 어떤 일이 일어나는 곳을 가리키기도 합니다.

순서에 맞게 한자를 써 봅시다.

一 十 土 土' 坦 坦 坦 坦 垾 場 場 場

場	場	場	場
마당 장	마당 장	마당 장	마당 장
마당 장	마당 장	마당 장	마당 장
마당 장	마당 장	마당 장	마당 장

오늘 배운 한자가 쓰인 단어의 뜻을 알아보고, 예문을 읽어 봅시다.

立 설 립(입)

뜻 지금 놓여 있는 상황.

예문 슬기는 자신의 **입장**을 분명히 말했습니다.

現 나타날 현

뜻 일이 일어난 곳이나 일을 하는 곳.

예문 내일은 수목원으로 **현장** 체험 학습을 갑니다.

停 머무를 정 留 머무를 류

뜻 버스나 택시가 사람을 태우거나 내려 주려고 멈추는 곳.

예문 버스가 **정류장**에 도착하면 차례대로 탑니다.

1 다음 밑줄 친 한자어의 음을 쓰세요.

주인공의 <u>立場</u>에서 다시 생각해 보았습니다.

2 다음 훈(뜻)과 음(소리)에 맞는 한자를 〈보기〉에서 찾아 그 번호를 쓰세요.

〈보기〉 ① 市 ② 校 ③ 場

마당 장

3 다음 뜻에 맞는 한자어를 〈보기〉에서 찾아 그 번호를 쓰세요.

〈보기〉 ① 立場 ② 市場 ③ 現場

일이 일어난 곳이나 일을 하는 곳.

정답 쓰기

1

2

3

[복습 한자] 市 저자 시
校 학교 교

다른 사람 입장에서 생각해요

읽고 싶은 책만 꺼내 읽고,
책을 어지럽히지 않습니다.

큰 목소리로 말하거나 떠들지 않고,
걸을 때도 발소리가 나지 않도록 유의합니다.

음식을 먹지 않고,
쓰레기는 아무 데나 버리지 않습니다.

場 장　　场 챵　　場 죠-

오늘 배울 한자를 만나 봅시다.

옛날 중국에
있던 한나라예요.

漢 **한나라**를 뜻하고
한이라고 읽어요.

漢 한나라 한

'한나라'를 뜻합니다. '한나라'는 옛날 중국에 있었던 나라입니다.

순서에 맞게 한자를 써 봅시다.

丶 冫 氵 氵一 氵十 氵廾 氵廿 氵苩 氵苫 氵莒 氵莛 漟 漢 漢

漢 한나라 한	漢 한나라 한	漢 한나라 한	漢 한나라 한
한나라 한	한나라 한	한나라 한	한나라 한
한나라 한	한나라 한	한나라 한	한나라 한

오늘 배운 한자가 쓰인 단어의 뜻을 알아보고, 예문을 읽어 봅시다.

字 글자 자

뜻 오래 전에 중국에서 만들어진 글자.

예문 세종 대왕은 **한자**를 모르는 백성들을 불쌍히 여겼습니다.

江 강 강

뜻 우리나라 가운데 부분을 흐르는 강.

예문 주말에는 **한강** 시민 공원에서 자전거를 탑니다.

陽 볕 양

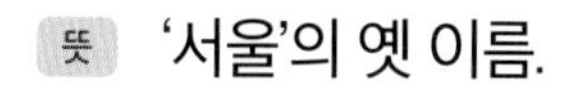

뜻 '서울'의 옛 이름.

예문 선비는 과거 시험을 보기 위해 **한양**으로 갔습니다.

1 다음 밑줄 친 한자어의 음을 쓰세요.

서울을 가로지르며 흐르는 <u>漢江</u>의 풍경이 아름답습니다.

2 다음 한자의 훈(뜻)과 음(소리)을 쓰세요.

漢

3 다음 밑줄 친 한자어를 〈보기〉에서 찾아 그 번호를 쓰세요.

〈보기〉 ① 漢江 ② 漢字 ③ 漢陽

그 사람은 조선 시대 <u>한양</u>에서 제일가는 부자였습니다.

정답 쓰기

1

2

훈 ____________

음 ____________

3

한자 미로에 갇힌 동물을 구해요

단어의 음(읽는 소리)이 맞으면 ○, 틀리면 ×를 따라가며 미로에 갇힌 동물을 구해 봅시다.

漢 한

汉 한

漢 칸

제1회 한자능력검정시험 대비 7급Ⅱ 문제지			
7級Ⅱ	60문항	50분 시험	시험 일자: 20○○. ○○. ○○.
	* 성명과 수험 번호를 쓰고 문제지와 답안지는 함께 제출하세요. 성명 ______ 수험 번호 □□□-□□-□□□□		

[문제 1-22] 다음 밑줄 친 漢字語한자어의 音음을 쓰세요.

〈보기〉
漢字 ⇒ 한자

[1] 시간은 萬金으로도 바꿀 수 없습니다.

[2] 南北의 정상이 만나 평화를 의논했습니다.

[3] 여름 방학이 있는 七月이 기다려집니다.

[4] 校內에서 합창 대회가 열렸습니다.

[5] 할아버지가 電話를 했습니다.

[6] 마을 青年들이 거리로 나왔습니다.

[7] 市場에서 과일을 샀습니다.

[8] 그는 음악의 大家가 되어 돌아왔습니다.

[9] 배는 安全하게 항구에 도착했습니다.

[10] 할아버지는 軍人이셨습니다.

[11] 三寸은 작년에 졸업했습니다.

[12] 절약하는 生活 습관이 중요합니다.

[13] 가뭄으로 댐의 水門을 열어야 합니다.

[14] 새로 오신 校長 선생님께 인사를 했습니다.

[15] 물이 不足하여 큰 어려움에 처했습니다.

[16] 범인은 모든 것을 自白했습니다.

[17] 사랑은 時空을 뛰어넘습니다.

[18] 國民이 하나가 되어 응원했습니다.

[19] 火山이 곧 폭발하려 합니다.

[20] 애국가가 四方에 울려 퍼집니다.

[21] 每事에 좋은 일만 있을 수 없습니다.

[22] 王子는 공주를 사랑했습니다.

[문제 23-42] 다음 漢字한자의 訓(훈: 뜻)과 音(음: 소리)을 쓰세요.

〈보기〉
字 ⇒ 글자 자

[23] 間

[24] 氣

[25] 答

[26] 道

[27] 動

[28] 名

[29] 物

[30] 正

[31] 食

[32] 室

[33] 右

[34] 弟

[35] 七

[36] 平

[37] 海

[38] 火

[39] 八

[40] 記

[41] 日

[42] 安

[문제 43-44] 다음 밑줄 친 漢字語한자어를 〈보기〉에서 찾아 그 번호를 쓰세요.

〈보기〉

① 大小 ② 四海 ③ 工場 ④ 江山

[43] 공장에서 수많은 물건이 만들어집니다.

[44] 우리나라의 강산은 매우 아름답습니다.

[문제 45-54] 다음 訓(훈: 뜻)과 音(음: 소리)에 맞는 漢字한자를 〈보기〉에서 골라 그 번호를 쓰세요.

〈보기〉

① 手 ② 金 ③ 不 ④ 九 ⑤ 西

⑥ 中 ⑦ 下 ⑧ 木 ⑨ 萬 ⑩ 年

[45] 손 수

[46] 아래 하

[47] 나무 목

[48] 쇠 금

[49] 해 년

[50] 아닐 불

[51] 일만 만

[52] 아홉 구

[53] 서녘 서

[54] 가운데 중

[문제 55-56] 다음 漢字한자의 상대 또는 반대되는 漢字한자를 〈보기〉에서 골라 그 번호를 쓰세요.

〈보기〉

① 女 ② 前 ③ 南 ④ 全

[55] 男 ↔ (　)

[56] (　) ↔ 後

[문제 57-58] 다음 뜻에 맞는 漢字語한자어를 〈보기〉에서 찾아 그 번호를 쓰세요.

〈보기〉

① 日月 ② 一月 ③ 學生 ④ 學校

[57] 학교에 다니며 공부하는 사람.

[58] 날과 달의 뜻으로, 세월을 이르는 말.

[문제 59-60] 다음 漢字한자의 진하게 표시한 획은 몇 번째 쓰는지 〈보기〉에서 찾아 그 번호를 쓰세요.

〈보기〉

① 첫 번째 ② 두 번째
③ 세 번째 ④ 네 번째
⑤ 다섯 번째 ⑥ 여섯 번째
⑦ 일곱 번째 ⑧ 여덟 번째
⑨ 아홉 번째 ⑩ 열 번째

[59]

[60]

♣ 수고하셨습니다.

〈끝〉

제2회 한자능력검정시험 대비 7급Ⅱ 문제지

7級Ⅱ	60문항	50분 시험	시험 일자: 20○○. ○○. ○○.
	* 성명과 수험 번호를 쓰고 문제지와 답안지는 함께 제출하세요.		
	성명 ______	수험 번호 □□□-□□-□□□□	

[문제 1-22] 다음 밑줄 친 漢字語한자어의 音음을 쓰세요.

〈보기〉

漢字 ⇒ 한자

[1] 이 운동복은 男女 구별이 없습니다.

[2] 불을 붙이자 火氣가 올라왔습니다.

[3] 수확한 배추를 市場에 내다 팔았습니다.

[4] 퇴직 후 年金을 받아 생활합니다.

[5] 아버지는 고향에서 後學을 기르십니다.

[6] 海上에서 강한 바람이 불어왔습니다.

[7] 手中에 천 원밖에 없습니다.

[8] 오늘 午後에는 비가 내린다고 합니다.

[9] 척박한 땅을 개척하여 農土로 일구었습니다.

[10] 시험 후 正答을 확인하는 시간이 있습니다.

[11] 저는 매주 토요일마다 봉사 活動을 합니다.

[12] 형은 國立 대학교에 다니고 있습니다.

[13] 매일 日記를 쓰는 습관은 중요합니다.

[14] 아버지는 孝子로 소문이 났습니다.

[15] 주말이면 外家에 놀러 갑니다.

[16] 존경하는 인물은 세종 大王님입니다.

[17] 바람이 四方에서 불었습니다.

[18] 오늘 저녁에 가족과 外食을 했습니다.

〈계속〉

[19] 봄이 되자 萬物이 깨어났습니다.

[20] 그는 正道를 걸으며 살아왔습니다.

[21] 우리 兄弟는 싸우지 않고 잘 지냅니다.

[22] 멧돼지 떼가 民家를 습격했습니다.

[문제 23-42] 다음 漢字한자의 訓(훈: 뜻)과 音(음: 소리)을 쓰세요.

〈보기〉

字 ⇒ 글자 자

[23] 中

[24] 下

[25] 男

[26] 門

[27] 南

[28] 月

[29] 話

[30] 家

[31] 軍

[32] 校

[33] 白

[34] 空

[35] 年

[36] 木

[37] 海

[38] 全

[39] 女

[40] 教

[41] 江

[42] 事

[문제 43-44] 다음 밑줄 친 漢字語한자어를 〈보기〉에서 찾아 그 번호를 쓰세요.

〈보기〉

① 生日　② 每日　③ 世上　④ 食事

[43] 누나는 매일 두 시간씩 책을 읽습니다.

[44] 학생들은 식사가 끝나자 운동장으로 나가서 놀았습니다.

[문제 45-54] 다음 訓(훈: 뜻)과 音(음: 소리)에 맞는 漢字한자를 〈보기〉에서 골라 그 번호를 쓰세요.

〈보기〉

① 青　② 海　③ 間　④ 答　⑤ 北

⑥ 安　⑦ 記　⑧ 室　⑨ 七　⑩ 平

[45] 사이 간

[46] 대답 답

[47] 일곱 칠

[48] 집 실

[49] 평평할 평

[50] 바다 해

[51] 기록할 기

[52] 편안 안

[53] 북녘 북

[54] 푸를 청

[문제 55-56] 다음 漢字한자의 상대 또는 반대되는 漢字한자를 〈보기〉에서 골라 그 번호를 쓰세요.

〈보기〉

① 右　② 外　③ 上　④ 大

[55] 左 ↔ (　)

[56] (　) ↔ 小

[문제 57-58] 다음 뜻에 맞는 漢字語한자어를 〈보기〉에서 찾아 그 번호를 쓰세요.

〈보기〉

① 不足　② 海物　③ 手足　④ 海外

[57] 손과 발이라는 뜻으로, 자기 손발처럼 마음대로 부리는 사람.

[58] 바다 밖의 다른 나라.

[문제 59-60] 다음 漢字한자의 진하게 표시한 획은 몇 번째 쓰는지 〈보기〉에서 찾아 그 번호를 쓰세요.

〈보기〉

① 첫 번째　② 두 번째
③ 세 번째　④ 네 번째
⑤ 다섯 번째　⑥ 여섯 번째
⑦ 일곱 번째　⑧ 여덟 번째
⑨ 아홉 번째　⑩ 열 번째

[59] 時

[60] 氣

♣ 수고하셨습니다.

〈끝〉

수험번호	□□□-□□-□□□□□	성명	□□□□□
생년월일	□□□□□□	※ 유성 사인펜, 붉은색 필기구 사용 불가.	

※ 답안지는 컴퓨터로 처리되므로 구기거나 더럽히지 마시고, 정답 칸 안에만 쓰십시오. 글씨가 채점란으로 들어오면 오답 처리가 됩니다.

제1회 한자능력검정시험 7급Ⅱ 답안지(1)

답안란		채점란		답안란		채점란		답안란		채점란	
번호	정답	1검	2검	번호	정답	1검	2검	번호	정답	1검	2검
1				10				19			
2				11				20			
3				12				21			
4				13				22			
5				14				23			
6				15				24			
7				16				25			
8				17				26			
9				18				27			

감독위원	채점위원(1)		채점위원(2)		채점위원(3)	
(서명)	(득점)	(서명)	(득점)	(서명)	(득점)	(서명)

※ 뒷면으로 이어짐

■사단법인 한국어문회 답안지 예시

※ 본 답안지는 컴퓨터로 처리되므로 구겨지거나 더럽혀지지 않도록 조심하시고 글씨를 칸 안에 또박또박 쓰십시오.

제1회 한자능력검정시험 7급Ⅱ 답안지(2)

답안란		채점란		답안란		채점란		답안란		채점란	
번호	정답	1검	2검	번호	정답	1검	2검	번호	정답	1검	2검
28				39				50			
29				40				51			
30				41				52			
31				42				53			
32				43				54			
33				44				55			
34				45				56			
35				46				57			
36				47				58			
37				48				59			
38				49				60			

■사단법인 한국어문회 답안지 예시

수험번호 □□□-□□-□□□□ 성명 □□□□□

생년월일 □□□□□□ ※ 유성 사인펜, 붉은색 필기구 사용 불가.

※ 답안지는 컴퓨터로 처리되므로 구기거나 더럽히지 마시고, 정답 칸 안에만 쓰십시오. 글씨가 채점란으로 들어오면 오답 처리가 됩니다.

제2회 한자능력검정시험 7급Ⅱ 답안지(1)

답안란		채점란		답안란		채점란		답안란		채점란	
번호	정답	1검	2검	번호	정답	1검	2검	번호	정답	1검	2검
1				10				19			
2				11				20			
3				12				21			
4				13				22			
5				14				23			
6				15				24			
7				16				25			
8				17				26			
9				18				27			

감독위원	채점위원(1)		채점위원(2)		채점위원(3)	
(서명)	(득점)	(서명)	(득점)	(서명)	(득점)	(서명)

※ 뒷면으로 이어짐

※ 본 답안지는 컴퓨터로 처리되므로 구겨지거나 더럽혀지지 않도록 조심하시고 글씨를 칸 안에 또박또박 쓰십시오.

제2회 한자능력검정시험 7급Ⅱ 답안지(2)

답안란		채점란		답안란		채점란		답안란		채점란	
번호	정답	1검	2검	번호	정답	1검	2검	번호	정답	1검	2검
28				39				50			
29				40				51			
30				41				52			
31				42				53			
32				43				54			
33				44				55			
34				45				56			
35				46				57			
36				47				58			
37				48				59			
38				49				60			